体育活动策划与管理

高 兵　郭 彬　主编　张 辉　副主编

体育活动策划与管理是参与体育活动的工作人员必须掌握的专业技能，在21世纪的中国体育产业中占有重要的地位，是体育产业的重要的组成部分。《体育活动策划与管理》通过体育活动概述、体育活动的策划和体育活动的管理等三个部分详尽介绍了体育活动策划与管理的细节、步骤和规程。

本书可作为体育活动策划与管理相关专业的课程指导，也可以为企事业单位、社会团体、文娱机构等策划、组织体育活动提供经验借鉴。

图书在版编目（CIP）数据

体育活动策划与管理/高兵，郭彬主编. —北京：化学工业出版社，2016.3（2025.6重印）
ISBN 978-7-122-26326-1

Ⅰ.①体… Ⅱ.①高…②郭… Ⅲ.①体育活动-策划-高等学校-教材②体育活动-管理-高等学校-教材 Ⅳ.①G808.22

中国版本图书馆CIP数据核字（2016）第032056号

责任编辑：宋　薇　　　　　　　　　　　　　　装帧设计：张　辉
责任校对：宋　玮

出版发行：化学工业出版社（北京市东城区青年湖南街13号　邮政编码100011）
印　　装：北京盛通数码印刷有限公司
787mm×1092mm　1/16　印张7½　字数182千字　2025年6月北京第1版第9次印刷

购书咨询：010-64518888　　　　　　　　　　售后服务：010-64518899
网　　址：http://www.cip.com.cn
凡购买本书，如有缺损质量问题，本社销售中心负责调换。

定　价：30.00元　　　　　　　　　　　　　　　　　　　　　　　版权所有　违者必究

前言

体育活动策划与管理是体育活动组织者和管理者必须掌握的一门课程。其功能在于让学生在体育、文化等领域活动过程中,具有分析、策划、执行的常规性要素及体育市场营销与管理具体业务工作的核心职业能力等知识和技能,切实提升学生参与在体育活动中知识的综合应用能力和实际动手能力。

体育活动策划与管理在21世纪的中国体育产业中占有重要的地位,促进文化体育发展是体育产业中的重要组成部分。体育活动项目策划在国外发达国家已经比较成熟了,不仅可以带来丰厚的利润,还创造了大量的就业机会。为了使学生将来能够更好地在此领域有所发展,丰富类似课程内容,我们组织编写了本教材。本书第一章~第六章由高兵(北京体育职业学院)编写;第七章~第九章由张辉(原北京时博国际体育赛事有限公司)编写;第十章~第十五章由郭彬(北京体育职业学院)编写。感谢首都体育院杨铁黎教授对本书给予的指正和帮助。

本书在编写过程中广泛参考了国内外教材和书籍,参考引用众多学者、专家的研究成果,限于篇幅、除少数文献在书中列出之外,不能全部列出,在此一并表示诚挚的谢意。

由于编者专业知识和业务水平有限,书中难免有不妥之处,恳请各位同行、广大读者对本教材的不足之处提出宝贵意见。

编者

摘 要

目 录

第一篇　体育活动概述

第一章　体育活动概述 ... 003
- 第一节　活动及体育活动的定义 ... 003
- 第二节　活动的特征 ... 004
- 第三节　体育活动的特点分类与主要内容 ... 005
- 第四节　体育活动的组织架构 ... 006

第二章　策划与管理概述 ... 008
- 第一节　策划的概念、特点 ... 008
- 第二节　管理概念、基本特征及职能 ... 009
- 第三节　如何成为合格的策划管理者 ... 010

第三章　体育活动的策划与管理基本程序 ... 013
- 第一节　调研阶段 ... 013
- 第二节　勾画成功蓝图 ... 015
- 第三节　活动的规划 ... 016
- 第四节　执行计划中的协同 ... 017
- 第五节　活动后的评估 ... 017

第二篇　体育活动的策划

第四章　体育活动策划整体框架 ... 020
- 第一节　体育活动策划目的与意义及内容 ... 020
- 第二节　整体策划相关工作 ... 021
- 第三节　整体策划工作的程序和完成形式 ... 022

第五章　体育活动的调研及可行性分析 ... 023
- 第一节　活动成功的关键 ... 023
- 第二节　可行性分析法（SWOT分析法） ... 026

第六章　体育活动的构思创意 ... 029
- 第一节　体育活动创意概述 ... 029

第二节　体育活动经典创意概念 …………………………………………………… 030

- **第七章　体育活动项目的计划** ……………………………………………………… 033
    第一节　计划的工具 …………………………………………………………………… 034
    第二节　体育活动项目商务计划文案基本框架的设计 …………………………… 037
    第三节　策划方案的表现形式 ………………………………………………………… 041
    第四节　策划方案的报告形式 ………………………………………………………… 043

- **第八章　体育活动项目计划的审批及相关法规、合同** …………………………… 048
    第一节　体育竞赛审批、登记程序 …………………………………………………… 048
    第二节　合同 …………………………………………………………………………… 052

第三篇　体育活动的管理

- **第九章　体育活动的市场营销管理** ………………………………………………… 058
    第一节　市场营销概述 ………………………………………………………………… 058
    第二节　体育赞助 ……………………………………………………………………… 061

- **第十章　体育活动项目的财务管理** ………………………………………………… 073
    第一节　财务管理概述 ………………………………………………………………… 073
    第二节　体育活动项目中应考虑的财务事项 ………………………………………… 075

- **第十一章　体育活动项目的风险管理** ……………………………………………… 079
    第一节　风险概述 ……………………………………………………………………… 079
    第二节　体育活动风险管理 …………………………………………………………… 080

- **第十二章　体育活动的组织人员管理** ……………………………………………… 085
    第一节　体育活动机构组织概述 ……………………………………………………… 085
    第二节　体育活动机构的人力资源管理 ……………………………………………… 088

- **第十三章　体育活动的礼仪管理** …………………………………………………… 091
    第一节　活动组织者常用的礼仪 ……………………………………………………… 091
    第二节　国际一般礼仪 ………………………………………………………………… 095

- **第十四章　体育活动的安全管理** …………………………………………………… 097
    第一节　体育活动安全保卫工作组织实施的基本原则 ……………………………… 097
    第二节　体育活动安全保卫工作组织实施的基本做法 ……………………………… 099

- **第十五章　体育活动项目的协调管理** ……………………………………………… 104
    第一节　体育活动协调的基础 ………………………………………………………… 104
    第二节　体育活动协调的对象与程序 ………………………………………………… 106
    第三节　体育活动的时间和空间协调 ………………………………………………… 110

- **参考文献** ……………………………………………………………………………… 114

第一篇 体育活动概述

第29届奥林匹克运动会于2008年8月8日至24日在中国首都北京举行。本届奥运会口号为"同一个世界，同一个梦想"（One World，One Dream），主办城市是中国北京。参赛国家及地区204个，参赛运动员11438人，设302项（28种运动）比赛项目。此次奥运会设置了三大理念：绿色奥运、科技奥运、人文奥运。举行了28个大项，38个分项的比赛，产生302枚金牌（其中中国获得51枚）。有6万多名运动员、教练员和官员参加北京奥运会，除大部分比赛在北京举行外，帆船比赛在青岛举行，马术比赛在香港举行，部分足球预赛在天津、上海、沈阳和秦皇岛举行。北京奥运会开幕式鸟巢外景见图0-1。

图0-1　北京奥运会开幕式鸟巢外景

奥运会作为全球最大的体育活动之一，吸引着全球无数的目光，奥运会的举办是一项巨大的工程，需要协调很多个相关部门的配合。为了短短16天的盛会活动，需要二千多个日日夜夜的筹备，北京奥运会筹备工作主要分为三个工作阶段。前期准备阶段：从2001年12月到2003年6月。全面建设阶段：从2003年7月到2006年6月。测试完善和正式运行阶段：从2006年7月到2008年。这其中的苦与乐只有参与者才会有更真切的感受，你想成为此类体育活动的参与者吗？本教材将带你了解体育活动的策划与管理的全过程，通过学习使同学们领悟到体育活动的巨大魅力，提高同学们参与体育策划与管理活动的能力。

第一章　体育活动概述

【本章目标】
1. 了解活动的定义及特点。
2. 知道当今的活动项目都有哪些种类。

中国航天载人计划第一步：1999～2008年（载人飞船）用时9年；第二步：2011～2013年（空间交汇对接）；第三步：2020年以后——空间实验站。而奥运会从准备到开幕则要历时8年。一个综合性活动为何需要这么长时间呢？这要从活动的本身谈起，下面让我们先来了解一下什么是活动。

第一节　活动及体育活动的定义

一、活动

目前人们普遍认为活动是有一定目的的行动，而项目是指在一定的约束条件下（主要是限定时间、限定资源），具有明确目标的一次性任务。

1. 从管理者的角度

活动是一种一次性举办的，或不经常举行的目标，这类活动属于发起人或项目组织机构所组织的常规性活动项目范围之列。

2. 从参与者的角度

对客户和客人来说，一次特殊的活动是常规选择范围之外或日常经历之外的一次休闲、社交或文化感受。

3. 从综合的角度

一次独特的，伴有仪式的经历，并满足特殊需求。

二、体育活动

体育活动就是以体育为载体进行的一切活动总称。2008年北京奥运会开幕式如图1-1所示。

图1-1　2008年北京奥运会开幕式

第二节　活动的特征

一、对于活动的参与者往往是"一生中的唯一经历"

很多活动往往是参与者一生中重要的时刻，这是很关键的也是最不能忽视的，像重要的国际大型赛事、重要的典礼等对于参与者可能一生只有一次机会，所以我们一定要确保活动取得成功，因为机会往往只有一次。如图1-2所示。

图1-2　激情的活动参与者

二、举办活动的投资巨大

举办一项活动要投入很多的财力、物力和人力，很多的投入还必须是前期的，成本巨大，为了达到举办活动的目的，有时还要不断追加投入，尤其是大型活动往往投资都以亿元计，比如为了成功举办北京奥运会，据官方统计总共支出总规模为194.1亿元人民币。

三、举办时间短暂，但要求长期、缜密的准备

很多活动举办的时间很短暂，例如一场国际足球友谊赛真正进行的时间也就2个小时，但是准备活动的时间则相对很长，为了成功举办一项活动，可能要提前几个月甚至几年开始筹备。

四、具有高风险性，包括财政风险和安全风险

举办活动的风险很高，很多因素都可能导致活动最终以失败告终，在众多的风险中财政风险和安全风险是最大的风险，因为活动大部分是前期投入，所以能否收回成本或者取得利润在活动举办全过程中都存在很大的变数。活动往往都需要很多人的参与，一旦出现安全事故等问题，后果不堪设想。

五、对于参与者（包括活动项目管理团队）的利害关系巨大

活动的组织管理者和参与者都想通过举办活动来达到自己的目的，有的是借助活动赚

钱盈利，有的是借助活动提升知名度，有的是借助活动丰富阅历，有的是借助活动得到快乐……不同的人抱着不同的目的，但是都是围绕活动来实现的，所以活动的成败关乎着每个活动成员的利害关系。

六、活动的选择要考虑社会效益与经济效益兼顾

大型的体育活动，已经被公认为"社会事件"，在举办活动时，除了要考虑的体育传统、地理人文、基础设施、经济发展水平及大众消费能力等因素外，还包括政府对该项体育活动的态度、体育活动现代社会法制建设的逐渐完善以及市场经济的公平竞争。

第三节　体育活动的特点分类与主要内容

一、体育活动的特点分类

（一）按政府组织参与程度分类

体育活动分为政府机构主持的体育活动和非政府主持的体育活动。

1. 政府机构主持的体育活动

体育活动，尤其是大型体育活动，绝不仅仅是一场体育比赛，而是一项对举办地经济社会各方面都将产生重大影响、带来显著效益的特殊社会实践。如奥运会、亚运会（图1-3）、世界杯足球赛（图1-4）就属于这种活动。据报道，2000年奥运会后，悉尼奥运会组织委员会向纳税人回报金额高达1亿万美元。当然，像这种规模的体育活动项目，因为众多部门的参与（主要是政府部门），人们往往难以准确地计算成本。从投资、赞助、经济影响和全球观众人数的角度出发，奥运会的举办无疑成为一个国家、城市借助体育活动提高关注度、知名度与美誉度，促进经济发展和影响力的重要手段之一。

图1-3　广州亚运会LOGO

图1-4　世界杯足球赛宣传图

2. 非政府机构主持的体育活动

非政府机构根据其组织目标可划分为非盈利性机构和盈利性机构。比如每年定期举行的中国网球公开赛（图1-5）、中国斯诺克公开赛等。非政府主持的体育活动（图1-6）除了考虑体育传统、地理人文、基础设施、经济发展水平及大众消费能力等因素外还要考虑政府对该项体育活动的态度、该项体育活动运作的现金需求、体育活动运作人才与经验。

（二）按体育活动的特点分类

体育活动的特点分类见表1-1。

图 1-5　中网新闻发布会

图 1-6　北京业余羽毛球比赛

表 1-1　体育活动的特点分类

项目	规模	规格	影响
单项赛事	·跨地区 ·人数 ·赛季周期	·政府或体育组织领导出席 ·本项目优秀选手参与 ·高奖励或权益 ·有国际选手参加	·对该项目发展影响 ·媒体对该项目的关注 ·对赛事资格与结果排名
综合性运动会	·多项目 ·长周期	·政府主要领导或国际理事会领导出席 ·全民动员、行业支持 ·当地阶段性主要工作	·对当地发展有影响 ·是政府或组织的一项目标性工作 ·是体育活动的标志性组织形式 ·媒体连续专门报道
体育主题活动	·集众性 ·多层次	·政府批准或政府（组织）领导参与 ·当地政府或社会阶段性工作 ·活动涉及的相关人员参加	·媒体关注的焦点 ·可以成为品牌与传统 ·深入人心

二、体育活动的主要内容

（1）开幕式与酒会。
（2）比赛排名、颁奖、升旗、奏歌。
（3）许多项目组织以预赛、资格赛到决赛与文化、经贸等资源整合。
（4）有大型活动配套。
（5）可以为活动举办相关的活动。

第四节　体育活动的组织架构

一、设置组织架构的原则

（一）基本原则

（1）适用和实用性原则。
（2）与举办地政府体制、机构和职能相匹配原则。
（3）综合协调原则。
（4）统筹兼顾原则。

（二）特殊原则

（1）符合规程、规则原则。
（2）安全保障原则。
（3）符合活动规律原则。
（4）无缝隙连接原则。

二、架构分类

（一）单项体育赛事的组织架构（1会、1室、6部）

组委会下设：接待部、资源开发接待部、场馆部、办公室、保安部、竞赛部和外联部。

（二）大型综合性运动会组织架构

组委会下设执行委员会。执委会下面设立秘书长办公会议机构。其所属机构为：大型活动部、医卫部、接待部、财务部、场馆部、竞赛部、安保部、资源开发接待部、办公室、交通运输部、志愿者部、新闻宣传部、监察审计部、供水供电通信部、城管部、信息中心和票务中心。

（三）大型体育活动组织结构

组委会下设：行政处、资源开发经营部、活动处、联络处、秘书处、场地器材处、安保处和医卫处。

【思考题】

1.简述体育活动的特色及分类。
2.根据体育活动分类，你参加过哪些活动项目？在活动中你的角色是什么？

第二章　策划与管理概述

【本章目标】
1. 知道什么是策划，什么是管理。
2. 知道如何才能成为一名合格的策划与管理的从业人员。

"万事开头难"，体育活动的展开，最开始是从策划活动开始，在运行管理过程中结束的。下面先来了解一下什么是活动的策划和管理。

第一节　策划的概念、特点

一、策划的概念

策划一词最早出现在《后汉书·隗器传》中"是以功名终申，策画复得"之句。其中"画"与"划"相通互代，"策画"即"策划"，意思是计划、打算。策最主要的意识是指计谋，如：决策、献策、下策、束手无策。规划设计，工作计划、筹划、谋划，指"划"，意思为处置、安排。

现代意义的"策划"可以理解为借助一定的信息素材，为达到特定的目的、目标而进行设计、谋划，以为具体的可操作性行为提供创意、思路、方法与对策。策划就是一种策略、筹划、谋划或者计划、打算，它是为个人、企业、组织机构为了达到一定的目的，充分调查市场环境、以及相关联的环境的基础之上，遵循一定的方法或者规则对未来即将发生的事情，进行系统、周密、科学地预测并制定科学的可行性的策划方案，同时在发展中不断地调整以适应环境的变化，从而制定切合实际情况的科学的方案。

二、策划的特点

（1）策划的本质是一种思维智慧的结晶。
（2）策划具有目的性，不论什么策划方案，都有一定的目的。
（3）策划具有前瞻性、预测性。策划是人们在经过思考以及调查的基础之上进行的科学的预测，因此具有一定的前瞻性。
（4）策划具有一定的不确定性、风险性。策划既然是一种预测或者筹划就一定具有不确定性或者风险。
（5）策划具有一定的科学性。策划是人们在调查的基础之上进行总结、科学的预测。策划不是一种突然的想法或者突发奇想的方法，它是建立在科学的基础之上进行的预测、筹划。

（6）策划具有科学的创意。策划是人们思维智慧的结晶；是一种思维的革新。具有创意的策划，才是真正的策划。策划的灵魂就是创意。

（7）策划具有可操作性，这是策划方案的前提。如果一个策划连最基本的可操作性都没有，那么这个策划方案创意再好，也是一个失败的策划方案。

第二节　管理概念、基本特征及职能

一、管理概念

在人类历史上，自从有了有组织的活动，管理活动就随之产生。随着社会的发展，管理经验发展成为管理理论，管理也逐渐由一种活动变为一种职业，无论在社会运行还是组织发展方面都起到了重要作用。

1. 广义的管理

应用科学的手段安排组织社会活动，使其有序进行。其对应的英文是 administion，或 regulation。

2. 狭义的管理

为保证一个单位全部业务活动而实施的一系列计划组织、协调和控制活动，对应的英文是 manage 或 run。

3. 哲学意义上的管理

管理是集中人的脑力和体力达到预期目的的活动。管理不仅表现在对人与人之间关系的调整上，也决定如何运用自己的体力和脑力上，比如早晨起来锻炼身体，然后去上班，还比如工作先干什么，后干什么，采取何种手段。无论干什么，都需要集中自己的脑力和体力，否则就无法完成目的。

二、管理的基本特征

（1）管理的目的是有效率和有效果地实现组织目标。
（2）管理的过程是一系列进行中的有管理者参与的职能或活动。
（3）管理的对象是一切可以调动的资源。
（4）管理的本质是合理分配和协调各种资源的过程。

三、管理的职能

管理的职能如图 2-1 所示。

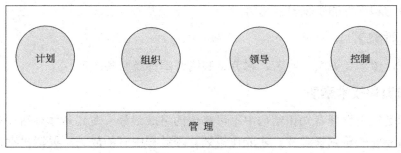

图 2-1　管理职能

1. 计划

计划就是确定组织未来发展目标以及实现目标的方式,这是管理的首要职能,它对未来事件做出预测,以制定出行动方案。

2. 组织

是指完成计划所需的组织结构、规章制度、人财物的配备等。服从计划,并反映着组织计划完成目标的方式。

3. 领导

运用影响力激励员工以便促进组织目标的实现。同时,领导也意味着创造共同的文化和价值观念,在整个组织范围内与员工沟通组织目标和鼓舞员工树立起谋求卓越表现的愿望。此外,领导也包括对所有部门,职能机构的直接与管理者一道工作的员工进行激励。

4. 控制

控制是促使组织的活动按照计划规定的要求展开的过程。对员工的活动进行监督,判定组织是否正朝着即定的目标健康地向前发展,并在必要的时候及时采取矫正措施。

第三节 如何成为合格的策划管理者

一、策划管理者应具备的基本素质

(一) 政治素质

策划管理者要具备正确处理国家、企业和个人三者之间的利益关系的能力。因此,必须学习和掌握政策理论和国家的大政方针,提高自身的政治觉悟。

策划管理的活动项目必须在国家政策的允许范围内,必须符合时代的需求,任何与人民利益相违背的活动项目都是没有生存空间的。

(二) 思想素质

思想素质是指策划管理者不仅会为人处世,而且还要善于思考。优秀的策划管理者应该具有把自己要实现的愿望,尤其是要达到的策划管理目标清晰地描绘出来的能力;能够清楚地表明自己的思想;有强烈的信息观念,善于运用和捕捉信息,注意提高信息的数量和质量,以促进管理工作的高质高效。

提高观念性技能要求策划管理者要做到以下三点:一是要具备能够了解某一事物或事件的整体或全貌的能力;二是能够了解和掌握某一事物或事件对整个组织所起的作用;三是能够预见这一事物和事件的未来发展趋势。

(三) 个性修养

其中自信、谦虚、诚实、吃苦、耐劳、心胸开阔都是必备的。

(四) 知识和技术素质

专业知识是策划管理者知识结构中不可缺少的组成部分;尤其是体育活动项目的策划管理者。只有懂专业的策划管理者,才能在策划管理过程中有的放矢,灵活机动,遵循事物发展规律,按客观规律办事,避免官僚主义。

（五）公关素质

首先要培养和树立公关意识。公关意识是公共关系实践在人们思维中的反映。这种反映不是一种表层的被动的反映，而是实践为理论所概括且演化为公共关系原理、原则、规律的一种深层的能动反映。它一旦形成，就会成为制约人们公共关系行为的一种力量。

公关意识是一种综合性的职业意识，它包括塑造形象意识、服务公众意识、真诚互惠的意识、沟通交流的意识、创新审美的意识和立足长远的意识等。

（六）创新意识

创新是策划管理的灵魂（图2-2）。有创新，整个策划管理工作才充满生机和活力。创新贯穿整个策划管理活动中。主要包括计划创新、组织创新、领导创新、控制创新。

（七）心理素质

心理素质包括：

①敏锐的信息观念；②强烈的竞争意识；③创新精神；④有效的时间观念；⑤宽容大度的胸怀；⑥执着的求知欲；⑦坚忍不拔的意志；⑧稳定而乐观的情绪。

图2-2　创新是灵魂

（八）强健的体质和充沛的精力

市场如战场，无论是深入基层，执行活动项目细节，还是运筹帷幄，对变化莫测的市场形势作出战略决策，没有好的身体，都将留下力不从心的遗憾（图2-3）。

图2-3　强健的体质和充沛的精力

二、策划管理者应具备的基本能力

（一）计划能力（planning）

有效的计划能力必须能对未来发展有适当的评估和分析，并制订可行的计划。计划过程中，要有协调和合作能力，并且小心平衡得失，才能充分利用资源制订出完整的计划。

（二）决策能力（decision-making）

决策能力要求权衡业务发展的各种可能性，并在这些可能性中作出选择。活动项目有了好的决策，才能保证有效地进行整合的能力，全体员工才能清楚活动项目的营运方向和经营策略。

（三）监管能力（controlling）

策划管理人要掌握监管观念，积极参与目标之设定与控制。监管能力要求客观准确评估工作绩效，并且依据员工之绩效来给予相称之奖励或惩罚。有时管理人亦要主动给予下属适当的指导，才能令他们保持正确的工作态度。

（四）建立团队精神能力（team-building）

策划管理人的要务是努力争取员工的投入及培养他们的责任感，让他们参与决策，充分调动其积极性、主动性和创造性，只有这样整个团队才有凝聚力和战斗力。

（五）沟通能力（communicating）

沟通能力是保证信息"由上而下"和"由下而上"两条传递渠道顺畅的重要能力，良好的沟通能力可以有效地建立起活动项目的沟通渠道。策划管理人必须要明白：准确和高透明度的沟通渠道是活动项目沟通能否有效的重要因素。不少策划管理人把活动项目的计划当为商业秘密，视员工为外人，自然难要求员工有投入感。

（六）评估能力（evaluating）

评估能力是有关了解工作进展和表现考核的方法和技巧。策划管理人要考核工作表现，找出成功与失误之处，以求改进。只有不断钻研品质管理，活动项目才能精益求精。

（七）应变能力（responding）

策划管理人要正确判断环境的变化，并采取必要的变革调整，以适应外在环境的变化；同时更要跟上时代潮流、掌握商机及调整运营手法，才能确保企业长期发展。

【思考题】

1. 活动策划的主要特点有哪些？
2. 简述管理的职能有哪些？
3. 简述如何成为合格的策划管理者。

第三章 体育活动的策划与管理基本程序

【本章目标】
1. 知道举办一项活动项目经过的5个阶段。
2. 了解每个阶段的工作重点和工作内容。

即使知道了策划和管理的有关知识，但对于一个体育活动的开展可能还是束手无策。如果想举办一个体育活动，应该怎样做呢？本章将清楚地介绍举办活动的各个步骤。所有活动的成功必须经历调研、构思、计划、协调和评估5个阶段。

第一节 调研阶段

准确的市场调研有助于减小风险。活动开始前的市场调研做得越好，则符合组织的利益相关者的预期利益的可能性就越大。这些可行性研究一般都包括详尽的市场调研。活动其实就是一个展现在那些即将参加到活动中来的公众面前的产品。其实，如果能够在市场调研方面花费更多的时间，也就意味着可以节省花费在其他环节上的时间和开支。通过市场调研有助于确立目标市场，有助于了解客户及内部利益相关者的服务期望，有助于发现发展趋势，建立新的服务配送系统。

一、调研的方法

如果想组织一次有效的、成功的活动，就需要真正理解下面5个"W"。如果能够很好地回答这5个"W"，则对组织一次成功的活动将是非常有益的。

第一步是"WHY"，即为什么要举办这个活动。可能答案不仅仅是一个简单的原因，而是涉及一系列能够表明举办本次活动的重要性等方面的重要原因。

第二步是"WHO"，即本次活动的利益相关者是谁。这里的利益相关者包括内部利益相关者和外部利益相关者两个部分。内部利益相关者可能包括董事会、员工以及其他一些相关人等，外部利益相关者可能包括媒体、政治家、官员以及其他与本次活动相关的人等。进行一次可靠的市场调研会有助于深入了解这些相关组织中究竟有哪些人真正与本次活动有关，这无疑将有助于更好地确定活动的针对对象。

第三步是"WHEN"，即什么时候举办本次活动。必须要判断对相应规模的活动而言，现有的调研时间约束是否可行，是不是会时间不够。如果是时间不够的话，就可能要重新考虑计划，考虑要么改变活动举办日期、要么改变组织运行流程。活动举办的时间同时还将涉及决定究竟应该在什么地方举办该活动。

第四步是"WHERE"，即在哪里举办本次活动。因为一旦决定了活动的举办地点，则同时就意味着组织管理究竟会是一项简易的工作还是一项具有挑战性的工作。因此对这个问题应该尽早决定，因为它将影响到其他的相关决定。

第五步是"WHAT"，即举办一次什么样的活动。这要取决于依据所收集的调研信息决定的目标市场的消费者的需求。要想在满足组织内部利益相关者的同时满足外部目标市场利益相关者是一项非常艰巨的任务。因此，对这个"W"一定要详加分析，以使前面几个"W"能与之相协调。

在回答了这5个"W"后，接下来就应该将调研的工作重点转向研究如何以有限的资源来举办一项能够给各利益相关者带来最大化收益的活动的问题。

二、调研的主要内容

调研主要内容包括：环境研究；民意调查与商业调查相结合；体育活动市场评估、预测；协调体育活动相关机构。

（一）环境研究

主要包括对人口、经济、政治、社会等环境因素进行调研。研究各种因素未来变化趋势以及对体育活动所选择的城市结构的影响，对体育活动营销战略的影响。

（二）民意调查和商业调查相结合

将消费者对体育活动的需求和专门的体育活动市场营销调查组织整合，确定调研内容和方法。全面监控体育活动市场俱求能力。掌握市场消费规律，为目标市场定位做充分的准备工作。

（三）体育活动市场评估、预测

主要包括体育活动社会效益及经济效益分析及财务预算评估；包括体育活动的性质、目的、派生文化属性评估；体育活动举办地消费水平、体育活动的社会关注度评估；体育活动电视转播状况及其他传播方式评估；体育活动现场、电视观众及其他观众的评估；体育活动广告宣传方式及媒体对体育活动的报道评估；体育活动赞助评估；体育活动意外事件的应急处理及保障服务评估；体育活动后续推广能力的评估。

（四）协调体育活动相关机构，组织高效精干的运作团队

体育活动组织者所关心的是活动是否有举办的条件以及能否通过举办活动实现市场推广；体育活动的赞助商所关心的是是否能通过赞助体育活动促进产品推广和取得较高的市场利润；电视、电台、网络媒体、平面媒体、报纸杂志等媒体所关心的是活动的新闻卖点。当然，不可忽视公众所关心的体育活动精彩程度、心理满足等。这就需要优秀、有经验的运作团队对体育活动相关单位、人员进行组织协调，保证活动成功举办。

第二节 勾画成功蓝图

一、勾画蓝图需要培养创造力

勾画成功蓝图主要在于创造能力的发挥。创造力是每个成功的活动管理者所必备的要素。设计蓝图的方法有很多,但最重要的是要记住,最优秀的活动设计者需要通过经常"泡图书馆"、看一些电影或电视剧、参观艺术画廊、翻阅相关期刊、观看体育比赛等途径来保证自身的创作激情。而在实际工作中,头脑风暴法也是一种很好的激发创造激情的方法。

二、蓝图的可行性问题

简单地说,可行性就是有目的地审视活动设计本身,以判断在可得资源的前提下该设计是否能付诸操作。这是活动在进入实际筹划之前的最后一关,所以一定要严格把关,尤其要注意在财务、人力资源及政治方面的问题。这三者的重要程度将视活动的性质而定。举个例子,一项赢利性质的或者大型标志性活动需要有足够的资金投入,因此财务管理往往比较重要;而对于一项非赢利性质的活动可能需要大量的志愿服务人员,因此人力资源管理就更显重要;而一项民众性的活动则可能必须依托相当的政治方面的资源才可成功。

三、财务方面的考虑

应该了解是否有足够的资金以维持活动的运转和举办,因此也就意味着需要考虑到如果真的出现资金不到位时可能会出现什么情况。如何给债权人偿付?是否有足够的现金?是否可及时注入以维持活动的继续运转?在缜密地分析活动所需现金以后,决定在现金支付和现金收入间究竟有多长的时间差。

四、人力资源方面的考虑

在评估了活动的可行性之后,还需要考虑活动所要求的人力资源的供给问题以及与人力资源管理相关的薪酬设计问题(包括物质方面的薪酬给付和非物质的酬劳)。当然对于一项体育活动而言,更为重要的是还需要考虑这些人员能否形成一个能够有效运转的团队。

五、政治方面的考虑

非政府机构在选择体育活动时,必须考虑政府对该项体育活动的态度。如果政府对活动持肯定与支持的态度,那么活动运作将事半功倍;如果政府对活动不认可,或者态度不明朗,则意味着活动运作可能有相当大的风险。因此,必须实事求是地注意到政府部门在活动的监督方面所起的越来越重要的作用。活动的正面影响主要表现在给公众提供了机会以及经济影响等方面,负面影响主要表现在对市政服务设施的损耗以及破坏的潜在可能等方面。同时,对所有的活动而言,要仔细研究审批程序以确定在举办地法律许可范围内活动是否真正具有可行性。因为没有正式的官方批准,任何的活动蓝图都只是一个美梦而已。

第三节 活动的规划

一、时间法则

在活动的组织管理过程中,首先会遇到的问题常常是客户究竟想在何时举办该项活动方面的,因此,时间法则主要是指究竟有多少时间可供活动的组织管理者进行"配置"。如果没有足够的时间的话,活动组织管理者可能不得不放弃这次机会,否则很可能导致活动不能达到预期的质量要求或者组织的不够专业,而这又很可能会造成丧失更多未来的机会。能够用于活动规划及最后的活动操办的时间的长短、组织管理者"配置"这些时间的方式会影响到活动的运行成本,有时甚至会影响到活动的成败。尽管进行准确的时间预算可能需要依赖于大量的实践积累,但是可以确定的是,时间预算应该包括活动之前的客户会议、地点考察、沟通以及合同准备等各个方面。同时应该考虑到在时间预算时必须考虑到意外情况发生的可能性。

二、空间法则

空间法则既包括将举办活动的具体的空间位置,同时也包括适于活动的诸多重大决定的时间间隔。时间与空间之间的关系贯穿活动组织管理全过程,正确处理两者之间的关系对于活动的成功起着非常重要的作用。而且活动的举办地点一旦选定,活动地点的位置以及该地点所提供的物质方面资源将对活动所需的额外时间投入产生显著影响。比如,如果活动举办地点是一个具有历史意义的、有永久性的装饰的大厦,则花费在场地布置方面的时间显然就不需太多,而如果活动是在一个普通的饭店或会议中心或其他什么别的"徒有四壁"的地点举办的话,为了给活动创造一个合适的氛围环境就不得不多投入相应的时间和资金。

活动地点的选择还要考虑到参加活动的目标市场的年龄结构以及类型构成。还需要考虑入口、出口问题,包括考虑车辆(图3-1)、道具(包括动物)、有残疾的活动参加者的出入问题以及其他任何涉及活动场地进出的因素,考虑进出所需要的时间以决定究竟需要有多少道出入口,考虑停车、公共交通以及其他包括出租车、私人豪华车、旅游车辆在内的交通工具所需的空间等许多方面的因素。

图3-1 奥运车证

第四节　执行计划中的协同

成为一名优秀的活动组织管理者的关键是什么？尽管可能不是惟一的因素，但是具有做出英明果断的决定的能力是非常重要的。因为在这个活动的协同过程中，需要组织管理者做出一系列的相关决定。基于组织管理者自身职业训练和经验的这些决定正确与否，将对整个活动最后的结果产生极大的影响。在保持一种积极心态寻求应对挑战的正确对策的同时，运用一些重要的分析方法对所面临的挑战进行分析同样很重要。这包括：

（1）搜集所有信息，并从多个角度分析问题；
（2）站在可能受到决策影响的人群的立场，从正反两方面审视决策；
（3）考虑决策可能导致的财政方面的问题；
（4）考虑决策可能导致的道德及伦理方面的问题；
（5）果断决策而不要瞻前顾后。

第五节　活动后的评估

活动的组织管理过程是一个循环的、螺旋式改进的过程，活动评估既是整个活动组织管理程序的最后一个环节，同时也是下一个活动组织管理的开始。因此可以说活动后的评估是在为下一次活动的组织与管理作准备。

一、活动后的评估跟踪调查

活动后的评估最常使用的方式是正式的书面调查。也就是在活动结束后马上就参加活动各方的满意程度进行跟踪调查。当然这种方式由于从活动"消费"到调查进行之间的时间间隔较短，所以就可能导致由于参加活动的各方还没来得及好好"消化"参加活动所带来的体验，不能给出恰当的信息，因此有可能使所得的反馈信息出现偏差。

二、活动前与活动后相结合的调查方法

这种方法特别有助于活动组织管理者了解活动是否满足了参与活动各方的预期。通过这种调查方法可以很好地发现在消费者参加活动前对该活动的期望与最终所得到的实际结果之间是否存在"缝隙"，从而有助于活动组织管理者要么改善对活动所能得到结果的过高承诺，要么改善有关组织管理工作以便在下次活动中加以改进，使得那些本应该带给消费者的体验等能真正被消费者所"接收"。

不过，无论采取哪种评估方式，牢记不要等到活动完全结束后才去了解活动进行的好坏程度，因为如果等到那些参加活动的消费者填完调查表的时候，得到的任何信息对本次活动效果的改善已经没有任何好处了。因此评估必须注意与活动进程尽可能紧密相随，能有助于在运行过程中及时填补"缝隙"。活动规划的蓝图如图3-2所示。

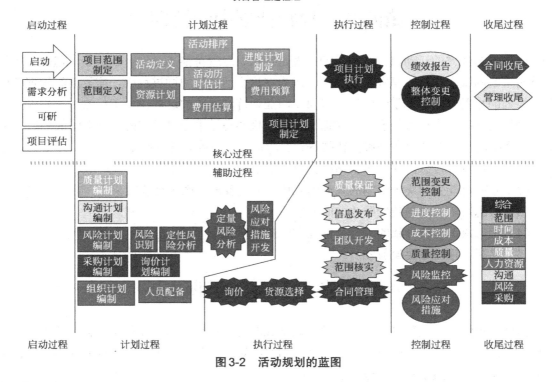

图 3-2 活动规划的蓝图

【思考题】

1. 简述举办一项活动项目经过的 5 个阶段。
2. 详述调研阶段的 5 个 "W" 是什么？
3. 活动项目管理过程图表制作。

第二篇 体育活动的策划

　　在第一篇中学习到体育活动项目策划与管理相关知识。在第二篇、第三篇中将把涉及到体育活动策划与管理的有关知识体系细化，逐章讲解，通过实战练习，提高同学们在体育活动策划与管理各个阶段工作技能。

第四章　体育活动策划整体框架

【本章目标】
1. 了解体育活动策划目的与意义。
2. 知道体育活动策划定位、内容及相关工作。

同学们，在进行体育活动时，为什么要做整体策划？看到美轮美奂的体育活动时，他们是如何策划的？整体步骤和实施方法，同学们想知道吗？在本章里，就把相关的知识点和技能要求告诉你。

第一节　体育活动策划目的与意义及内容

一、目的与意义

（1）体育活动策划是体育活动筹备组织工作启动的基础工作，也是筹备组织建立（如是申办活动则是由筹备小组建立）后首先要做的工作，为总体工作做前期准备，为领导在审定总体工作方案前做准备。

（2）体育活动策划是对整个活动的资源进行挖掘、分析、整合，然后包装的专业技术工作。

（3）体育活动策划是取得或进一步取得和提升整个活动可信度、公信力、荣誉度及轰动效应重要的基础工作。

（4）体育活动策划是将活动主办者意志与活动进行技术结合，进一步利用活动促进举办地社会经济发展的规划性工作。

二、整体策划的定位

（1）党和政府的方针、政策、决策的研究与活动定位。
（2）对提升活动规格的定位。
（3）对活动关注度、影响度的定位。
（4）对达到举办活动本身目的提高体育运动水平的定位。
（5）对整合无形资产与有形资产并使其产生更大效益的定位。
（6）对筹备组织工作中的各个环节的定位。
（7）对活动中的各项重大活动主题的定位。
（8）对活动的组织机构与人员的组成定位。

三、整体策划的主要内容

（1）名称及组织机构的表述。
（2）活动的背景与"亮点"——卖点的描述。
（3）主题与指导思想的表述。
（4）活动内容、规模与安排的表述。
（5）活动资源与取得资源方法的表述。
（6）大型体育活动中的大型活动、主题活动、相关活动的表述。

第二节　整体策划相关工作

一、进行整体策划的人员与设备

（一）人员

这是一项专业技术工作，要由专业技术人员与大型体育活动的专家共同完成。

由调查分析人员、统计人员、平面设计、方案设计、活动策划、体育专家等人员组成工作小组，部分工作可委托给专业公司完成。借鉴别人先进经验与教训是节省人力与其他资源的有效方法。

（二）设备

高配置电脑、彩色打印机等办公设备。

二、调查分析

（1）政府意志与行为调查分析。
（2）亮点—卖点分析。
（3）举办地社会、经济、文化、教育、生活水平、交通等社会、城市功能能力和气候等因素调查与分析。
（4）本次活动主题分析及企业理念与活动主题整合调查分析。
（5）各项竞赛组织及主题活动组织的可行性分析。
（6）本次活动所期望出席的领导活动安排期及相关因素分析。
（7）本次活动人力资源调查分析。
（8）本次活动财务状况分析。
（9）其他相关调查分析。

三、论证

（1）总体策划工作组内部论证。
（2）专家论证。
（3）所涉及的相关部门领导讨论与论证。
（4）高一级领导论证。
（5）筹委会办公会讨论与论证。

四、设计与制作要求

（1）主题突出：与满足政府意志、主办者意图、相关部门利益、赞助企业理念是关键。
（2）新颖、图文并茂。
（3）文字准确、精练、排版别具一格。
（4）应在短期内完成。
（5）可与总体工作方案同步完成。

第三节　整体策划工作的程序和完成形式

一、整体策划工作的程序和完成形式

（1）筹委会组成（或筹备小组组成）。
（2）整体策划工作小组（策划方案）。
（3）调查分析。
（4）完成定位。
（5）初步论证。
（6）完成结构设计。
（7）讨论与分析。
（8）起草《总体策划方案》。
（9）论证（主管主要领导审定）。
（10）修改。
（11）完稿。
（12）提供给筹备小组正式报批审定。

二、整体策划的审定程序（三个层次）

（1）整体策划小组内部审定。
（2）专家审定。
（3）筹委会（筹备小组）领导审定。

【思考题】

1. 简述体育活动策划的定位和主要内容。
2. 简述体育活动策划相关整体工作内容。

第五章 体育活动的调研及可行性分析

【本章目标】
1. 了解活动项目举办成功的关键要素都有哪些。
2. 掌握如何规避风险。

第一节 活动成功的关键

欧内斯特和杨是奥运会、埃米金像奖和美国职业高尔夫球手协会巡回赛的顾问，他们认为活动成功的关键在于：
（1）活动项目是否是一个好想法？
（2）我们是否具有必要的技能来计划并承办活动项目？
（3）主办地区是否支持？
（4）我们在社区是否有足够的基础设施？
（5）我们能否以力所能及的价格确定场地？
（6）活动项目是否能吸引观众？
（7）活动项目是否能取得媒体的支持？
（8）活动是否具有财政的可行性？
（9）衡量成功的标准是否合理？
（10）活动项目中的"风险"是否考虑？

图5-1 青少年足球赛

图5-1所示为一场青少年足球赛。

一、活动项目是否是一个好想法

虽然这个问题看似简单，但有许多活动项目管理团队在活动项目即将到来之际，却越来越容易提出此问题。公众对悉尼举办奥运会的支持率一直是较低的，当离奥运会开幕只有几周时才出现了前所未有的抢购入场券的现象。预订处连连告急，分销渠道受到挑战。毫无疑问，组织者在前几个月就问到过这个问题，如果可能应在申办前自问，但他们带有疑虑的心情只是在最后时刻，看到入场券全部售出时才重新恢复正常。这是对任何一个申办奥运会的城市都不能回避的主要问题，而且应当在全过程的早期进行仔细的审视。

在涉及目标市场时，组织者必须首先确定活动项目的目的。如：为提高本地区和产品的知名度？为慈善事业募捐？或属于商业行为？不论答案如何，组织委员会必须要仔细考虑。

二、是否具备技能

对于悉尼奥运会组委会和其他相关部门的指责，早在奥运会开幕的几年前就已出现在媒体和新闻界了。然而当奥运会被证明是一次成功举办的盛会时，所有猜疑就已烟消云散了。成功地举办此次盛会就已经证明，澳大利亚在活动项目管理方面的高技能得到了国际认可。

三、主办地区是否支持

各城市对主办奥运会的心情是矛盾的。作为一个社区整体，它有义务投入资金，但感到会有诸多的不便之处，有一些商家和居民无疑会有反感。例如，在2000年悉尼奥运会到来之前，人们对悉尼的城市人行道路和城市中心大兴土木的营建工程不断投诉，不少人还认为资金本应投入到更为需要的学校和医院等关键建设项目中。然而那些对旅游业感兴趣并了解奥运会能带来潜在经济利益的人士却都持支持态度。对社区支持度的分析必须来自于所有相关的人士和部门。

除非摊位业主每天清晨在开业时制造出噪声，否则社区的居民不会对每日举办的有机食物促销持反对意见。但当地的食品零售商店就会大加指责，因为促销摊位的成本较低，会对自己的商店造成价格上的竞争。而另一方面，促销市场能够吸引周边地区的居民和游客，这又能提高零售商店的营业额。大多数调研证明，光顾节日庆典活动的游客只是出于临时的动机，而把促销这类活动市场的筹码押在他们身上是没有根据的。

四、在社区是否有足够的基础设施

筹办奥运会所要求的基础设施建设是巨大的，机场建设是最好的一个例子。交通和泊车通常是应着重考虑的大问题：当然这对于有机食物促销市场则不算是问题，因为促销会是在乡间小镇举行的。如果促销会的场地接近一个火车站，而且时间选择在游客到达和离开的高峰期，这反倒成为一种优势。

五、能否以力所能及的价格确定场地

对于多数的活动项目的组织者，租用场地的成本是一个关键问题。因为装饰、灯光等费用成本可能会更高，更具有风险性。租用功能厅的好处是能使用可靠的设备、安全的计划和保险公司的投保等一系列支持。场地管理者的技能是不应忽视的，这种技能是活动项目举办成功的保证。在举办一项娱乐活动时，场地位置和费用成本对价格和促销起着决定作用。

场地的费用还要依据活动对时间的需求。在一些活动中，需要有较长的时间"进场"和"出场"（布台和卸台），这就会造成高于预期的费用。汽车和船舶展就属于这类活动，展示会需要后勤人员的支持来搭建展台。古德布莱特（1997年）指出，时间/空间法规是关键的组成，实际的空间决定着对时间的要求。他引用了美国超级杯赛的例证，在比赛中场休息时，88台钢琴要被搬运到场地中。装卸区的使用和储存是其他应考虑的问题。安全保卫是另一个需要特别关注的问题，因为昂贵的物品有丢失的可能性。然而，正如同奥运会组织者一样，食物促销活动的组织者也会十分在意自己举办活动的场地费用。体育活动的场地对于主办城市来说是一种长期保留的财物，但人们还是普遍关注其长远的财务上的可行性。

六、活动项目是否能吸引观众

为了使活动办得出色,选择活动的地点和场地是吸引观众的关键。在本章结束时的案例学习中,你会面对一系列可能要举办的活动,并根据其可行性来重新排列。所有的活动都遍布不同的城镇,你应调查和研究可能到场的当地居民及国内外游客的情况。在计划一项活动项目时,确定观众是重要一环。

由于一些国际游客要长距离跋涉,悉尼从举办奥运会的角度上讲并非是一个十全十美的地点,但事实证明在悉尼举办的奥运会吸引了很多来访者(图5-2)。

再回到有机食物促销市场,这个活动的经营理念可以扩大到整个健康食品,成为一个针对老龄人的高度可行性活动。活动的地点可设在老龄人聚集并持续增长的社区。

七、活动项目是否能取得媒体的支持

媒体的支持是基本要素。虽然在2000年悉尼奥运会的筹划阶段缺乏媒体的支持,但在开幕之际,媒体立即跟踪报道并声称这是"不错的一届比赛"。一个小型的活动很可能由于一个负面报道而前功尽弃,媒体对一个新产品发布的支持往往是衡量活动成功的重要指标之一。在有机食物促销市场的事例上,组织者应当接触当地报业去寻求它们

图5-2 人山人海的观众

的支持组织者需要提供内容和图片,并突出对社区价值和风险管理的重视,以这些来打动媒体和社区,使它们对活动产生兴趣。

八、活动是否具有财政的可行性

一项具有财政可行性并能给社区带来利益的活动项目,能击败任何反对意见,否则就是一项短命的活动项目。上文提及的有机食物促销市场不大可能创造大的利润或吸收大额的慈善捐助,但是它能增强社区意识并能为社区的人们带来物质的利益。例如:它能提高当地农产品的知名度,以此来吸引对有机食品生产的投资,因为来访的游客不必额外付费,商家缴纳的管理费需要担负所有与此活动有关的支出。

1976年在蒙特利尔举行的奥运会给加拿大人民造成债台高筑的局面。最初设想的光辉前景却导致财政上的败绩,这一恶果使魁北克的人们偿还了近20年的债务。由于计划不周,判断错误和人员罢工及人们怀疑的腐败行为,原先预计的1.24亿美元的预算提高到使人难以相信的15亿美元。相反,在悉尼2000年奥运会之后,新南威尔士的纳税人就摆脱了债务,而奥运会也给整个澳大利亚的人民带来了丰厚的额外利惠。

九、衡量成功的标准是否合理

衡量活动成功与否的标准是截然不同的。对奥运会的衡量标准主要依据国际观众的反馈。虽然参赛的运动员对食宿和体育设施的反馈是重要的依据,但世界电视观众对活动的反馈才决定着赞助商是否会继续向活动提供投资赞助。这无疑是测评四年一次的盛会是否成功的最主要衡量标准之一。许多地区的葡萄种植酿造商正是如此效仿的,例如,葡萄种植酿造

商们在悉尼泊尔莫乐海滩现在每年都要举行自己的产品促销活动。了解消费者对地区产品的意向变化是不易的事，而对当地产品生产商的信誉度也是难以测评的。这些被视为非有形结果。而人们常以有形结果，如销售率提高来测评活动的成功度。对成功测评的标准应该在活动举办前出台，这样活动的可行性才能有测评的标准。

十、活动项目中的"风险"

对于活动项目管理者，风险管理是最重要的关注点之一。活动项目能办得相当出色，但也能成为糟糕的败笔。对于一个活动项目的管理者，如果他举办的活动以失败告终，那不单是职业发展上的绊脚石，而且是一个极大的灾难。想要再找一个机会去弥补是根本不可能的，只能去考虑寻找一个与自身职业毫不相干的出路。在活动中如果出现受伤或活动项目遇到财政的失误，情况更是如此。如同早先提到的，对于大多数的商业运作，风险被细分到各个层面，而活动项目管理者或活动项目管理组织却并非如此。全年运营的公司如果出现一天的低迷可能不算什么问题，但对于一个为期一天的活动项目来说就是个巨大的灾难！

因为活动项目的失误，甚至是满盘皆输是可能发生的。在活动的初期阶段首先应集思广益，以便探讨所有可能与活动有关的风险因素，并按其风险程度分门别类。风险可能包括：强对流天气，风或雨；洪水；火灾；建筑物或临时框架的坍塌；涉及工人或观众的意外伤害；群集公众管理；与会者和重要人物的安全保卫；食品中毒；供水或供电中断。

应急计划是针对潜在风险而制定的，它是整个步骤中的第二步、第三步。对于每一项可能发生的事件都应有相关的解决对策和规章。简而言之，活动项目组织者的目标是增强可行性，降低风险性。

第二节　可行性分析法（SWOT分析法）

SWOT分析法（也称TOWS分析法）即态势分析法（图5-3），20世纪80年代初由美国旧金山大学的管理学教授韦里克提出。对待每项活动都应进行常规的、重要的SWOT分析。这是指分析活动或活动理念的优势、弱点、机会和威胁。

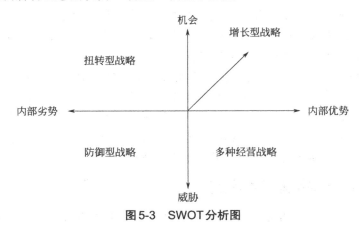

图5-3　SWOT分析图

S代表优势（Strengths），是指组织的内部力量，如志愿者的热情和义务感，灯光师的专业技艺或计划主题和装饰的各项产品。

W代表弱点（Weakness），是指组织的内部弱点，如管理委员会的技能和知识欠缺以及缺乏承办会议的技能。

O代表机会（Opportunities），指外部可能会发生的有利事物，如新的赞助商或始料未及的积极公众舆论。

T代表威胁（Threats），指外部事物：竞争，负面的公众舆论和不佳的群体行为都会被称为威胁。

就本质而言，增强活动项目的可行性就是增强行业组织的优势（或理念），并最大限度地创造机遇。同样，承认潜在的弱点，并设法扬长避短是降低风险性的出路。正确估计潜在风险威胁并制定应急计划避开风险，也是增强活动可行性的捷径。

【案例】斯诺克中国公开赛市场化运作SWOT分析

背景资料：斯诺克中国公开赛作为世界斯诺克职业巡回赛每年7站中的一站，奖金30万英镑积分5000分，是一项世界顶级的斯诺克赛事，是世界斯诺克协会确定的最重要的全球斯诺克职业排名积分赛事之一，同时也是在中国举行的级别最高、历史最悠久的国际斯诺克商业品牌赛事之一。世界排名前16位选手强制参赛，可直接进入中国公开赛的正赛。

一、斯诺克中国公开赛内部环境的优势与劣势

（一）主要优势

（1）组织优势：作为斯诺克中国公开赛的独家投资推广单位，时博国际与世界斯诺克有限公司北京代表处达成8年的签约时限，并全面负责赛事的招商、运营和管理工作。

（2）管理优势：北京时博国际体育赛事公司是北京市国有资产管理有限公司和北京市体育基金会共同设立的大型国际体育赛事公司。已成为北京市具有影响力的体育赛事公司之一。公司建立了赛事筹融资、包装、推广、组织并承办等全方位高效业务运行机制，具有丰富的体育赛事活动的管理经验。

（3）财务资源优势：时博国际体育赛事公司注册资金7500万元。作为一家国有控股公司，其管理严格，运行规范，财务审计制度健全。

（4）人力资源优势：拥有一支经验丰富、专业化的体育人才队伍，拥有一批高级专家顾问。

（二）主要劣势

作为一种外来文化斯诺克中国公开赛刚开始不被人们认可，能否成为一种主流运动，并逐渐转变成为一种较普遍的公众休闲娱乐项目，被大家所喜欢是存在风险的，另外还有资金短缺的风险。

二、斯诺克中国公开赛外部环境的机会与竞争分析

（一）存在的机会

（1）地方政府、政府体育机构的支持：斯诺克作为非奥运项目，在刚开始举办时，资金比较有限。国家和地方体育部门对斯诺克投资比较少。但是随着2005年丁俊晖奇迹般夺冠，以及国内不断涌现出的优秀运动员，政府部门看到了斯诺克这项运动广泛而深入的影响力和市场潜力，逐步开始关注此项运动，并加大资金投入。由于得到北京市和国家体育总局的大力支持，如今的斯诺克中国公开赛已发展成为北京市一项精品的国际体育赛事。

（2）非政府机构的支持：北京市国有资产经营有限公司作为斯诺克中国公开赛推广、招

商与运作的企业，在和北京当地的许多民营企业、私企赞助商沟通时具有一定的渠道优势，并看到斯诺克赛事很高的市场价值，因此一直与时博国际合作。

（3）广泛的群众基础：观众是体育赛事的顾客，没有观众欣赏与参与，体育赛事就无法生存。目前，中国斯诺克人口已涨至6000万以上，受众人群超过一亿。

（4）市场环境

① 媒体支持：具有斯诺克中国公开赛赛事中电视、平面媒体、广播报道权以外的其他主要无形资产资源。对于赞助商来说，具有赛事品牌价值。世界斯诺克中国公开赛的媒体宣传包括户外媒体、电视媒体、网络媒体、平面媒体、移动电视媒体五种形式，出现在赛事的前期、中期、后期，贯穿赛事的整个过程。

② 比赛场地支持：举行比赛的场地——北京大学生体育馆配有齐全的配电系统、大型LED彩色显示屏、电子计时电子计分系统；有配备完善的消防报警系统；场地通风良好、设有中央集中空调；设施功能齐全；设有标准的贵宾接待室、会议室、休息室等，条件非常优越，是2008年奥运会柔道、跆拳道的指定训练场地，第二十一届世界大学生运动会篮球比赛、2004年国际乒乓球职业巡回赛总决赛、世界跆拳道锦标赛、万宝路杯国际网球比赛以及中国、丹麦羽毛球公开赛等赛场。比赛场地设施布局安排非常合理，共有四块比赛场地，在场馆及赛场入口处开辟了宽敞的顾客等候区，每个赛场出入口及走廊都有工作人员引导并设有指示牌，卫生间布局也相当合理，运动员、观众寻找非常方便。

（二）存在的竞争

北京现在具有NBA季前赛、中国网球公开赛、北京国际马拉松等具有国际影响的体育赛事活动，对斯诺克中国赛事市场开发来说存在一定的竞争。

【思考题】

1. 活动项目成功的关键是什么？
2. 如何进行一个体育活动项目可行性分析？

第六章　体育活动的构思创意

【本章目标】
1. 了解创意在活动中的重要性。
2. 知道体育活动创意的开发过程和创意的主题元素等。

体育活动策划是在调查研究的基础上，进行有目的的设计，以达到预期的活动结果。在进行体育活动策划的过程中，应全面收集和细致分析各种相关信息，充分考虑各种机遇和各种挑战，提出创新性设计方案，最终通过设计方案的实施满足顾客需要和愿望。

体育活动参加者的消费观念在不断变化，最早重视价格，之后重视信誉，现在更重视创意。受市场影响，体育活动赞助商或合作伙伴也把创意看成一个体育活动成功与否的重要标志。因此，具备独特的体育活动创意能力，就成为成功承办机构区别于其他一般承办机构的主要特征。

第一节　体育活动创意概述

一、体育活动创意的条件

建立创新型组织机构是获得良好创意的首要条件（图6-1）。建立一个创新型机构需要长时间的努力，要注意培养每一位员工的创新意识，鼓励他们根据其个人特点提出创新设想和建议。只有每一位员工的创意潜力都得到释放，整个团队的创意能力才能形成并不断增强。

如何才能形成独特的创意能力呢？首先，必须创造一个易于产生创新思想的工作环境。其次，必须根据创意工作程序各个阶段的特点，应用适宜的创意技巧。

图6-1　创意联想

二、体育活动创意的工作程序

关于创意的工作程序，人们一般认为在各种企业内流行的头脑风暴（小组自由讨论）是创意工作程序的起点和终点。但是，在体育活动创意的工作过程，头脑风暴虽然是创意程序中的重要组成部分，但并不是起始点。

体育活动创意工作一般要经历4个阶段：调研、讨论、提出和完善。一旦了解创意工作程序，就能够根据其各个阶段的特点，运用相应的技巧来收获理想的创意果实。

创意时，最容易出现的失误就是跳过调研阶段，直接酝酿（其中包括传统的头脑风暴）

主题思想。如果不完全了解体育活动的目的，不彻底理解委托方的意愿，一切创意都是空想。因此，创意必须首先要进行调查研究，搞清活动的目的和委托方乃至活动参加者的需要。

在酝酿阶段，要在对已有信息进行分析的基础上形成初步设想。酝酿分为被动酝酿和主动酝酿两种。被动酝酿属于个人行为，且不能施加外部压力，只能自然思考，使各种想法和思路自然生成和流露。这可能在晨练时，也可能在日常工作中，也可能在吃饭时，也可能在睡梦中发生。主动酝酿是集体互动行为，并可施加外部压力和限定时间。其主要形式是传统的头脑风暴法，即小组成员扮演不同角色，自由发表意见，提出各种设想，寻求解决问题的答案。在这种情况下，提出的设想越多，解决问题的答案越多，则创意成功的概率越高。

对各种设想进行反复推敲和论证之后，较为成熟的主题思想会自然流露，基本创意随即诞生。经过综合整理，即可提出备选创意方案。

如果不具备可行性，创意将毫无意义。完善阶段的主要任务，就是使创意方案由抽象的概念变为可行的方案。

三、体育活动创意生成的一般过程

创意的生成一般要经历梦想、集思广益、组合创新、营造氛围4个过程。

梦想即开启梦想之门，记录下日所思和夜所想，归类存档以备后用。集思广益即发动本机构员工、委托方甚至某些观众参加头脑风暴等各种形式讨论，并重视头脑风暴带来的每一个设想和建议，有时看似荒诞的观点可能生成市场上的卖点。多数创意并非原始创新而是组合创新。组合创新如同魔方变幻，变化无穷，常变常新。这就要求创意参与者通过协同努力找出最佳组合创意。营造氛围就是通过播放音乐，释放头脑风暴的自然想像力。如果头脑风暴陷入僵局，不妨试试更换会场或到野外郊游，新的环境往往有助于开拓

图6-2　一个小创意

思路，使人们茅塞顿开。图6-2所示为一个小创意。

第二节　体育活动经典创意概念

在体育活动主题开发实践中，主题的来源大致有3个，即举办地的特殊地理环境（如海洋、森林和沙漠等）、特殊文化环境（文艺、体育和宗教等）和特殊历史环境（古都、历史人物和历史事件等）。

一个好的主题创意可能会使一次体育活动取得巨大成功。但是，实践证明，采用一个毫无把握的创新概念要比采用有把握的经典概念失败率要高得多。因此，在体育活动主题的创意上，应坚持优先完善经典概念，其次尝试全新概念的原则。目前国际上流行的经典创意有以下几种。

一、狂欢概念

狂欢主题活动（图6-3）发源于西方的化装舞会，18世纪初，化装舞会开始在欧洲大陆和英国流行，成为贵族和平民共同狂欢的主题活动。此后，世界各地许多重大活动都举办由化装舞会演变而来的化装游行、彩车游行和狂欢游行。巴西里约热内卢桑巴狂欢节、德国慕

尼黑啤酒狂欢节和意大利威尼斯水城狂欢节都已成为享誉世界的大型主题活动。狂欢概念有助于营造盛大、热烈、欢乐、全民参与的活动氛围，因而被各种体育活动所广泛采用。由于各国的历史文化背景不同，狂欢活动的主题也千变万化，西方国家有圣诞狂欢节、感恩狂欢节和情人狂欢节等，我国也出现了火把狂欢节、泼水狂欢节和新年狂欢节等。

图6-3　盛大的狂欢现场

二、赞助概念

体育活动一般都具有某种程度的公益性，其目的是宣传活动主题所代表的目的地形象、社会意识或人生理念。如北京已经拥有了北京国际马拉松赛、中国网球公开赛、世界斯诺克中国公开赛为代表的、具有较大影响力的三大国际精品赛事，成为北京对外交流的"城市名片"。

体育活动场地的观众容量是有限的，但体育活动主题的支持者是难以估量的。为了鼓励更多人参与体育活动，表达对活动主题的支持，组织者可以通过鼓励赞助的形式，使不能或不愿亲临活动现场的企业和个人也能间接参与活动。此概念适用于大型公益活动和行业促销活动。赞助者通常是注重企业形象的大公司和行业组织，也包括一些经常出差或商务繁忙的社会名流和富商巨贾。

三、评奖概念

评奖活动不仅为参赛的优秀选手和精美展品提供了展示舞台，而且为广大观众认识和欣赏优秀选手和精美展品提供了难得的机会。由权威人士或社会名流为评比获奖选手和展品颁奖，无疑会吸引众多的观众。评奖活动本身以及与评奖主题相适应的宏大场面、设计新颖的颁奖仪式和丰富多彩的表演节目，更使评奖活动具有强大的现场吸引力，从而使其成为最经典的体育活动创意概念。评奖主题是决定此类体育活动观众类型及数量的关键因素，具有较大影响力的评奖主题有影视类、文学类、竞技类、商品类、科技类、服装表演类和选美类等。

四、慈善概念

它是一种慈善捐助活动。通常采用慈善义卖、慈善义演和募捐聚餐等组织形式。义卖活动的义卖品由企业或家庭捐献，义买者须购票入场。捐献品一方面通过门票收入和拍卖收入形式转化为慈善捐款，用于慈善事业。另一方面以较低的拍卖价格成为义买者特殊的纪念收藏品或生活用品。义卖品可以是任何有价值的物品，如名人穿过的衣物、公司更换下来的办公家具、家庭自制的食品甚至旅游协会组织的免费旅游活动等。

图6-4　红十字主题

慈善义演是组织志愿演员进行义务演出，演出所得除必要的成本外全部用于慈善事业。慈善义演也可以不组织任何现场演出。这可以使慈善活动组织机构节约募集的资金，同时可使捐助者节省观看义演所必须付出的时间和汽油费、停车费等。在这种情况下，活动组织机构可以从募集的捐款中拨出部分款项，在约定的义演时间赞助一场与活动主题有关的电视节目，如慈善活动调查报告、智力竞赛或由捐助群体喜爱的影视明星主持或出演的晚会等。

在组织募捐聚餐时，一般按随机方式，对购买同样门票的捐助者给予不同食物。有的享用"大鱼大肉"，有的只能吃"粗茶淡饭"，从而使捐助者亲身感受贫富不均现象的存在，激发其捐资救贫的热情。图6-4所示为红十字主题。

【思考题】

1. 简述体育活动创意的工作程序及工作中最容易出现的错误。
2. 体育活动经典创意分为几种？利用体育活动经典创意制作一个创意主题。

第七章 体育活动项目的计划

【本章目标】
1. 学会使用集中计划的工具。
2. 学会体育活动项目的计划文案的编制方法。

在开始本章的内容学习之前,先来看看下面这张表(图7-1),这是一个体育赛事的开发计划的一部分,一份好的计划书是体育活动准备阶段必须的材料,各项准备工作也在计划书中有详细的体现。同学们学完这章,也可以亲自去撰写一份计划书。

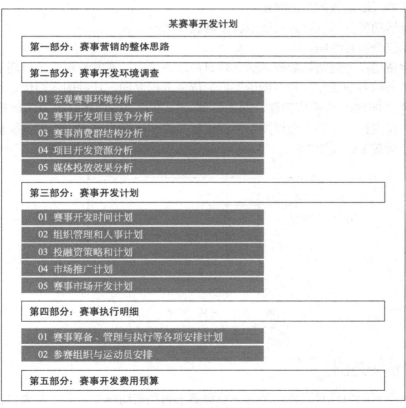

图7-1 开发计划表

一个完整的项目计划过程由计划准备工作阶段、计划制定阶段和计划实施阶段组成。在项目计划准备工作阶段,需要完成需求分析、目标确定和任务分解等工作。在此阶段中,有关基本数据的采集和整理、所采用的分析方法在前面的章节中已经进行了必要的描述，本节将重点对后续的计划编制过程中需要使用的方法与手段进行详尽的介绍。

项目计划的入手点是进度计划，进度计划对项目的各项工作起始时间进行筹划。由于现代体育活动项目的规模越来越大，运用传统的人工方法制定项目的进度计划、从事工程项目的控制工作难度日益加大，人们渴望运用更有效的计划技术完善项目的计划管理工作。

第一节　计划的工具

最早的计划工具是20世纪初美国管理学家甘特（Henry Gantt）发明的甘特图。由于甘特图具有直观易懂、操作简单等特点，很快被企业管理者广泛采纳，并运用于企业的计划工作。

一、甘特图

甘特图的制作步骤如下。

（1）明确项目牵涉到的各项活动、项目。内容包括项目名称（包括顺序）、开始时间、工期，任务类型（依赖/决定性）和依赖于哪一项任务。

（2）创建甘特图草图。将所有的项目按照开始时间、工期标注到甘特图上。

（3）确定项目活动依赖关系及时序进度。

（4）计算单项活动任务的工时量。

（5）确定活动任务的执行人员及适时按需调整工时。

（6）计算整个项目时间。

甘特图常使用在计划初始阶段和活动项目的准备阶段。在甘特图中，日期置于图表的上方，线条用来表明各项工作（列在图表左侧）应完成的时间。这种图示的优点是能清楚地了解到各项工作之间的关系和依赖性。例如：你一旦为一项活动制订了员工的招聘、入职教育、培训和工作安排过程后，通过图示你能了解应提早展开招聘工作，以便使员工能为活动正式开幕做好准备工作（图7-2）。

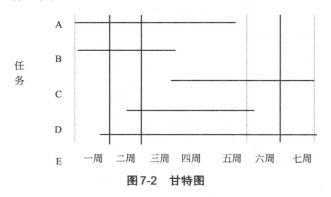

图7-2　甘特图

二、图示和范例

在表述一个活动项目时，特别是对于根据要求布局活动场地的承办商来说，图示是非常有用的工具。可根据具体情况绘制一项或多项图示，或制订计划，并使用计算机辅助制图（CAD）软件，因为参加活动项目的各方对于图示有各自不同的使用目的。

范例是极为有用的一项工具，因为多数的客户难以对事物形成一个三维立体的概念。如对于公众群体的控制。通过观察分析一个三维空间的演示，活动项目中的瓶颈效应及其他的潜在危险就可能暴露出来。大多数的CAD软件都能制作出这种效果，使活动项目组织者能预测到有关活动项目设计和实施中会出现的问题（图7-3）。

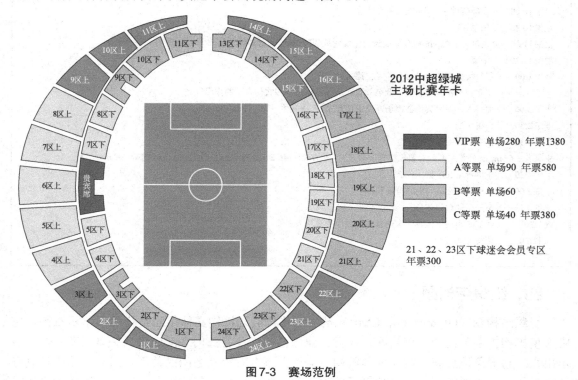

图7-3　赛场范例

三、日程表

大多数体育活动项目的管理者都离不开日程表。在计划的初期阶段，日程表的内容极为简单。时间的分配只局限于活动项目的具体因素构成。全部步骤的纵览是形成活动项目理念简述的一个组成部分。随着计划的推进，日程表会变得更加的详细。最后制订更为详细的日程表来确定每个人员的任务和责任。日程表对于所有相关部门和参与者，不论是场地管理者还是分包商，都是重要的管理工具（表7-1）。

表7-1　日程表

中国国际体育文化及经济论坛	
日程表	
12月11日，星期六	
下午4:00	招待套间开放
下午7:00	签到仪式开始
晚8:00	欢迎仪式开始
	国家体育总局体育文化发展中心主任致辞
	达信保险顾问公司主席马克-里根先生（Mr. Mark Reagan）致辞
夜12:30	招待套间关闭
12月12日，星期日	
上午6:30	招待套间开放

续表

上午9:00	中国国际体育文化及经济论坛开幕仪式开始
	体育总局局长致辞
上午10:00	主题演讲：彼得-尤伯罗斯先生
上午10:30	休息
上午11:00	主讲者：Populous公司高级主管及建筑师理查德-布雷斯林
中午12:30	午餐
下午1:00	午餐会主讲者：嵩山少林寺主持
	下午第一次全体会议：业余体育在增强国家经济和文化方面的作用
下午2:00	主持人：国际奥委会市场开发主任蒂默-吕梅先生（Mr. Timo Lumme）
下午2:30	小组讨论
下午3:30	休息
	主讲者：Comcast公司主席兼首席执行官，布莱恩-罗伯茨（Mr. Brian Roberts, Chairman and CEO, Comcast）
下午4:30	主讲者：文广集团代表
下午5:00	吸引体育迷参与的体育新科技
下午6:15	下午全体会议休会
晚7:30	晚宴杰出的中国音乐家的音乐演出，少林功夫表演
夜12:30	招待套间关闭
结束	

四、组织结构图

组织结构图（Organization Chart）是展示体育活动机构具体组织结构的网络示意图，它将大型机构中各部门的设置情况、职责、业务范围以及各部门之间的协调关系用图表方式展示出来。它形象地反映了组织内各机构、岗位上下左右相互之间的关系。组织结构图是制订计划时的又一重要工具，一旦确定了各项任务、职责并根据其特性分门别类，活动项目所需要的员工的配备就一目了然，而且可以清楚地展现出来（图7-4）。

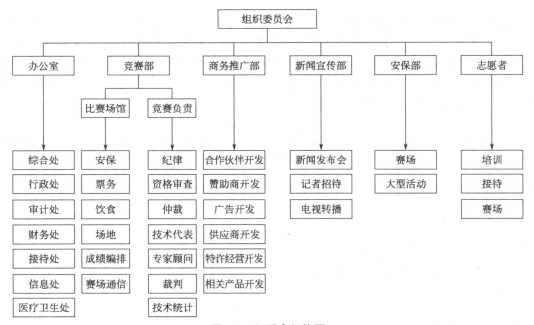

图7-4　组委会机构图

五、检查表

检查表是不可或缺的一部分，检查表能监控并确保任何任务的执行者都能履行各自任务的每一项职责，例如，在检查防火设备和紧急疏散口时，必须逐项地检查每一个细节，同时在完成的检查项目上签字并注明日期。这看似是按记录项检查，但其目的不仅是能防止潜在问题的出现，而且能在出现问题时降低法律诉讼方面的风险。表7-2是一个消防安全检查表。

表7-2 消防安全检查表

检查类别		检查时间		检查人	
受检单位		受检部位		受检人	
检查项目		检查标准			√/×
1.消防器材、设施		配置到位、齐全、有效、合理			
2.自动消防设施		运行正常，控制室值班在岗情况良好			
3.消防通道		消防车通道、安全疏散通道、安全出口布置合理、通畅			
4.消防水源		布局合理，供水通畅，水压充足			
5.防火帽		配置到位、完好、有效			
6.消防标志		设置到位、完好、有效			
7.应急照明		设置到位、完好、有效			
8.用火、用电		手续齐全，安全措施落实，无违章、隐患；防雷、防静电措施符合安全要求			
9.建筑工程		落实"三同时"，执行建筑工程消防监督审核管理规定			
10.消防重点单位（部位）		自主管理到位，现场无违章、隐患			
11.记录		建立齐全，填写规范、有效			
12.易燃易爆化学危险物品和场所及其他重要物资、可燃物品		落实防火防爆措施			
其它					
问题及整改要求					
复查情况					
	时间		检查人		受检人

活动项目行业的特性是计划时间周期长而举办时期极短。实际上，人们常因为活动项目举办时间的短暂而感到惊异。在活动项目的运作中，意想不到的事情在瞬间就可能发生，但周密的计划往往能防止此类事件的发生。从积极的角度上讲，只要是详细地制订了计划，活动项目管理者的任务就是去确保既定的步骤得以正确的实施，因而能减少意外情况的发生，最终使客户满意。

第二节 体育活动项目商务计划文案基本框架的设计

一个结构完整的策划文案计划，可以给人以专业的、负责的、可信的印象。因此，了解策划文案的标准写法，还是很重要的。策划文案一般由封面、策划小组名单、前言、目录、正文内容以及附录等几部分组成（图7-5）。

图 7-5　赛事开发计划文案

一、封面

一份完整的营销策划文案文本应该包括一个版面精美、要素齐备的封面，以给阅读者留下美好的第一印象。封面并非不可或缺。有的策划文案只有一两页纸，因其篇幅短，封面就常被省略。但在一般情况下，封面还是一个要素。其表现方法常有以下情况。

（1）只用文字表现。

（2）将文字用格子框起来，使其更醒目。

（3）配上与策划内容相呼应的照片、插图等，加强人们的印象。

二、策划小组名单

在策划文本中提供策划小组成员名单，其作用如下。

（1）可以向委托人或上级显示策划动作的正规化程度。

（2）通过介绍策划参与者的职级头衔，可以给人一种权威感。

（3）可以表示策划主持人的一种对策划结果负责的态度。

（4）将工作人员在策划中承担的任务以及他们之间的组织关系系统而明确地记载下来，有利于今后的操作执行。

（5）可以使阅读者对策划文案的整体更加容易把握。

一般策划文案的参与人员包括：委托策划人：责任人或上级单位；参与工作人：制作人、主持人；专家团：特别顾问、特邀专家。

三、前言

正规的策划文案在最前面总有一个前言。它的内容一般包括：致词、感谢语、策划者的态度等内容。此页与主题关系不深，属于礼节性的致词。但是，正如我们看杂志专栏文章一样，最初两三行内容的好坏便决定了人们是否愿意继续读下去。前言也是如此，它是传达策划文案要旨的首页，策划文案多半由于前言部分的致词而给人以第一印象。因此，有经验的策划人都会下工夫做好前言文章。

四、目录

在策划文案目录中，应列举策划文案各个部分的标题，必要时还应该将各个部分的联系以简明的图表体现出来，这样做一方面可以使策划文案文本显得正式、规范，另一方面也可以使阅读者能够根据目录方便地找到想要阅读的内容。

此外，策划文案能不能做好，取决于该策划文案的逻辑结构，亦即展开的顺序。而目录的编写犹如将逻辑结构逐条罗列出来，一旦罗列，其效果的好坏便可一目了然。有时，您会发现，将某一部分安排的前后顺序作一个调整会更加有效。从这个意义上说，目录的制作便是一项很重要的工作。

五、正文内容

在正文中，应该记述策划的目的、进行过程、使用的主要方法等，以使策划审核人可以对策划文案有一个全面的了解。

（一）策划环境

策划立案首先起始于对现状的观察，并发现该现实中存在的问题与矛盾。对于一家体育经纪公司而言，一般包括团队管理存在的问题、营销员业务提升过程中遇到的问题、增员过程中存在的问题、产品宣传中存在的问题等。

在市场营销策划中，策划背景是十分重要的内容。一般策划背景应包含如下内容：①市场情况分析；②消费者分析；③竞争状况分析；④威胁与机会、优势与劣势分析。

（二）策划目的

明确地提出一个策划的目的。例如：策划的目的是为了"提升部门月度总业绩"，还是为了"提升人均业绩水平"，就是两个不同的概念。

（三）策划意图

策划意图是对策划目的的进一步说明。它包括：

一是营销目标设定，包括财务目标和营销目标。前者包括长期稳定的投资效益和近期希望获得的利润；后者包括总销售量、市场占有率、消费者对品牌的认知度等。

二是概念的形成，为了让人理解策划内容，以简单明了的话语来表现策划的全貌。

（四）策划内容

是指实现策划目的的具体行动方案。策划内容有两种类型：一种是由单一项目组成的，另一种则是由复数项目组成的。事实上，一般策划的整体内容，可以看作是由若干个次级内容组成的，或者说，整体内容是可以分解成若干个次级内容的。在表现形式上，策划文案的内容可以用文字表现，也可以用图形、表格来表现。

在策划内容中，一般要提出具体的营销策略和实施计划。其中，营销策略要具有一定的创意性；而实施计划则要包括营销的具体执行方法、时间、人员、费用、步骤等实际的行动性内容。

体育活动策划目的就是"双赢"策略，委托方达到最佳满意，策划方获得用货币来衡量的思维成果。体育活动策划一定要立足现实，面向未来，诉诸对象。既具有超前性，又具有创意的策划，一定会把实体的诉求目的表达得淋漓尽致，实现策划的目的，实现策划活动的经济最大值。

（五）策划效果

任何具有投资性质的企业行为，都是为了获得回报。如果一份策划策划下来，经过算账，没有任何回报，则很有可能不会得到上层人士的认可。为了使策划实施后，能够得到应有的回报，必须牢记策划的目的是什么。而且，还需要将策划的效果明确地记录在策划文案中。附有效果评估的策划文案大多给人以更加深刻、完整和客观的印象。

（六）策划预算

如果策划文案中没有记述投资预算，那么即使策划内容得以通过，也很难将其付诸实施。预算的构成因素包括以下几个方面：
（1）策划活动的总额预算；
（2）各个分项活动预算；
（3）单一分项活动中不同作业项目预算；
（4）固定费用和可变费用的区别。

前两点大家都很明白，关于第三点，比如在策划活动中要用到宣传画册，那么宣传画册的制作费用就会有许多具体内容。其中最主要的就有摄影费、模特费、平面设计费、印刷费等不同的费用支出项目。

（七）策划日程

策划日程也是策划文案实施细则中不可缺少的部分。将日程这一项中的构成要素列举出来，应有以下几点：
（1）策划活动需要的总天数；
（2）活动开始时间；
（3）活动结束时间；
（4）个别作业项目分别为多少天。

实际进入实施阶段后，会面临一些难以预料的问题，而要解决这些问题需要花费宝贵的时间。因此，对于上述可能性的项目要明确加以说明，或者在个别项目各自所需天数中插入一些预备日，以确保各个作业在总天数中有宽裕的部分。

（八）实施督导（控制）

该部分要对计划的实施过程进行前期预测分析，并对可能出现的问题制定一些应对方案。
（1）策划效果预测；
（2）实施注意事项；
（3）实施过程中的信息反馈、实时应变调整：可选择性方案；
（4）风险评估以及规避风险的对策：应急方案。

六、附录

与方案有关的基础性数据资料、事件事例、补充说明文字、设计图文等可以收录在附录中。基础性资料和参考事例是方案的重要资料。进一步说，附有大量的基础资料和参考资料，会带来一种心理效应，使人觉得这份企划案似乎具有一定的权威性。但是，如果基础资料和参考资料的数量较多，将其插入方案正文之中，难免表现形式显得冗长而繁杂，企划的逻辑亦被中断或打乱，因此，原则上应将这些资料添加在附页或另册中（图7-6）。

附件内容如：
1. 相关政府报告或协会管理文件；
2. 有关批文、文件等；
3. 过往案例、相关成绩、数据说明等文件；
4. 公司介绍、资质证明、荣誉证书等文件；
5. 问卷调查的调查原件，访谈的主要笔录等；
6. 媒体的比较分析报告；
7. 相关设计稿件：LOGO、广告等；
8. 新闻稿件软文；
9. 其他文件。

图7-6 文案附录

第三节 策划方案的表现形式

策划方案是一份高度理论化又具有可执行性的文件，它包括市场分析、规划、执行方法、控制方法等内容，必须将它们按照一定的内在逻辑顺序和丰富的表现手法有机结合起来。策划方案的表现形式，一般来说除了文字以外，框图、表格、数据和插图在特定的情况下都是必要的。

一、文字

文字表现用于对方案的各种概念、状况、策略等加以说明。文字表现是方案最基本的表现手法，它是其后要说明的表格表现手法的支柱，也是数据表现及插图表现的补充。

文字表现总的原则是使读者易于理解所表达的策划内容。基本要求是：

（一）文体统一

在整个方案中前后文体必须统一，避免使用口语化或过于尊敬的文体。

（二）文字简洁

简洁在文字表现中非常重要。它要求：第一，一段文字最好控制在50～60字左右；第二，最好能将文字内容分条列出。

（三）结论明确

方案中应避免出现内容含糊、态度暧昧的表现。例如，文中出现"也许……"，"可能……"，"好像……"，"我想大概……"等，容易给人留下缺乏自信或过于主观的印象。

（四）用语统一

方案中要注意某一相似含义的词语却出现不同的用语表达。如出现"课题"、"项目"、"主题"的混用；"目标"、"目的"的混用；"企划"、"策划"、"计划"的混用，等等。

（五）顺序记述

按一定的逻辑关系的顺序记述的文字是比较容易理解的。策划方案一般可按内容逻辑顺序或时间顺序来归纳文字。

（六）数字使用方法统一

数字表达有中文大写、阿拉伯数字以及加括号或加圈等多种表达方法。在使用时，应预先确定好使用规则，特别是与方案内容相关的章节、目录等内容的数字表达，直接关系到方案中各个内容之间的并列或承接关系，务必准确统一。

二、框图

所谓框图，就是包含"用图来理解"以及"用图来说明"这样两个含义。因此，它也是将图形与文字二者结合到一块的表现形式。逻辑清晰，表述明朗，视觉美观，此三点是框图制作的原则。

采用框图表现手法的主要目的是更好地表现方案的整体结构及方案内容相互间的逻辑关系，从而使阅读者更好、且更容易理解方案的内容。

画框图的工作程序分为以下几步。

第一步：整理资料。把握各内容的内在逻辑联系，将要传递的内容分条列出，主要的归类内容列出标题。

第二步：决定框图的大小和位置。并将各框图用箭头连接起来，以明确相互之间的关系。

第三步：将条理化的信息记入图框中并列出标题。根据资料多少，将无法写入图框中的内容剔除。

第四步：修改图框。考虑整个图框之后，重新修改图框的组合方式及形式。另外，标题较重要的部分可改变字体或加上网格及下划线等。

三、数字

数字的表现主要是图表的表现。若能将一组或多组数据转化为图形，则可以更好地理解数据的内涵。策划方案中，柱形图、饼图和折线图用得比较多，而其他图形的使用相对较少。需要特别注意的是：雷达图虽然使用较少，但它对于分析目标对象的长处、短处以及特性方面还是非常便利的。制作数据图表的关键不是表现，更重要的是图表能有助于对数据的理解，即通过图表能使数据特征一目了然。

四、图片

目前，信息传递的重点已经逐渐由文字表现向视觉表现方向发展。借助图片等视觉化元素，往往能将一个用文字表现复杂的意思更简洁明了的表现出来。

策划方案的图片一般有以下四种。

一是插图。插图可选用绘画、漫画、卡通画等各种手法来表现。

二是设计图和透视图。这里所说的所谓设计图就是将商品或宣传的形象描绘出来；而透视图则将诸如设施的完成结果，或集会的实际布置等内容用透视的手法描绘出来。

下面来看一个活动的平面布置（图7-7）、三维透视（图7-8）和效果图（图7-9）。

三是照片：将实实在在的人、物及设施以实景拍摄的形式表现出来。

四是拼贴画。把照片或印刷物进行剪切拼贴，成为一个新的图片，展示新形象或实际效果。

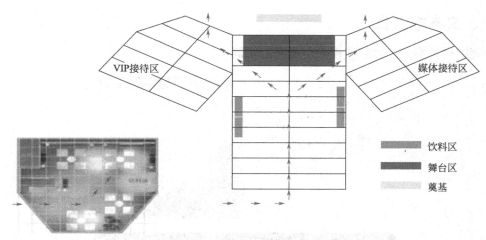

图7-7　活动现场平面布置图

图7-8　活动现场三维透视图

图7-9　效果图

第四节　策划方案的报告形式

策划方案需要向客户或是内部人员进行报告，为了更生动活泼地呈现方案内容，使人了解方案的实质，其报告的形式随着科技的发展越来越丰富。

一、文本报告书

传统的报告形式，除打印稿外，还有电子稿（图7-10）。

图7-10　报告纸质封面

二、PPT多媒体文件

最简单的多媒体策划方案制作方式，可加入动态效果和影音。

三、视频、DV

以视觉效果更直观、更全面的解说策划方案（图7-11）。

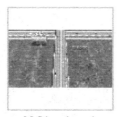  

bh01no4.avi　　　bh02m.avi　　　test_大桥整体A.avi

 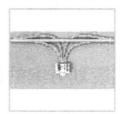 

金港草稿.avi　　　中心岛.avi　　　车行跨桥.avi

图7-11　视频文件缩略图

【思考题】

1. 每人以学院的体育比赛或者社区的活动撰写一份计划书。
2. 策划书以视频、DV形式表现出来（课堂10分钟讲解、演示）。

【案例分析】："××杯"2006国际奥委会体育摄影比赛方案（中国区）

AL3-2-1 "××杯"2006国际奥委会
体育摄影比赛方案（中国区）
（草案）

北京五洲体育文化发展有限公司
中国体育报业总社体育活动中心
北京奥林匹克文化促进会

二零零六年六月

目录
赛事简介……………………………………………………………
赛事策略……………………………………………………………
赛事执行……………………………………………………………
权益回报……………………………………………………………
赞助标的……………………………………………………………
执行团队……………………………………………………………

一、赛事简介
1.赛事概况
赛事名称："××杯"国际奥委会体育摄影大赛（中国区）
赛事主题："奥林匹克精彩瞬间"
赛事内容：通过体育与文化弘扬奥林匹克精神、展现奥林匹克文化
赛事时间：2006年7月15日～11月30日
赛事范围：全国、若干重点城市（1+5）
赛事分组：传统胶片组、数码照片组、手机照片组
主题要求：参赛作品应展现体育、奥林匹克与文化的结合
2.组织机构
主办单位：中国奥委会新闻委员会、CCTV5
承办单位：北京五洲体育文化发展有限公司
特别支持：中国摄影家协会、中国体育摄影学会、中国艺术摄影协会
协办单位：赞助企业
媒体支持：中国体育报业总社、体坛周报
工作机构："摄影大赛"组委会
3.赛事背景
4.赛事目标
5.赛事分析
二、赛事策略
1.发挥优势
2.把握机会
3.克服劣势
4.规避威胁
5.体验营销

SWOT 分析

S：Strengths 优势
- 与奥运关联，提升品牌价值
- 属社会热点，目标群体参与热情高
- 权威机构参与评比，比赛权威性高
- 赛事门槛低，方便目标群体参与

W：Weanesses 劣势
- 受宣传资金制约，推广力度可能不足

O：Opportunities 机会
- 市场开发只受IOC TOP类别约束
- 把握市场先机
- 回报利益相关方
- 培育企业产品潜在消费者
- 借助奥运关联可形成品牌赛事

T：Threats 威胁
- 竞争对手也可能开展同类活动

重点城市开展推广活动

多家全国性、重点城市报刊、杂志进行连续报道

颁奖晚会、活动T恤、活动现场宣传

三、赛事执行

1. 赛事宣传
（1）整体规划
（2）覆盖群体
（3）预期效果
（4）网络宣传
（5）CCTV5
（6）平面媒体
（7）推广活动及其他

2. 赛事规划
（1）比赛分组
（2）赛事流程
（3）运行流程
（4）参赛办法
（5）参赛规则

四、权益回报

1. 活动冠名权
2. 活动礼遇权
3. 媒体宣传权
4. 新闻发布会
5. 颁奖典礼
6. 市场开发权

五、赞助标的

1. 独家冠名

名称：独家合作伙伴

标的：人民币300万元

数量：一家

形式：现金250万元＋VIP50万元

权益：全部权益＋排他

特别权益：与企业需求紧密结合，为企业量身定制赛事。

2. 合作伙伴

名称：合作伙伴

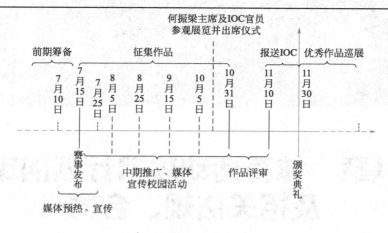

标的：人民币100万元
数量：二家
形式：现金80万元＋VIP20万元
权益：全部权益（除去冠名权）
特别权益：无

3. 赞助商
名称：赞助商
标的：人民币60万元
数量：不限
形式：现金50万元＋VIP10万元
权益：活动礼遇权、媒体宣传权、活动推广权
特别权益：无

六、执行团队
1. 承办单位
2. 服务客户
3. 团队介绍
4. 联系方式

七、附件

第八章 体育活动项目计划的审批及相关法规、合同

第一节 体育竞赛审批、登记程序

一、在中国举办的国际赛事审批

在中国举办的国际体育赛事，按照"计划报批，分类审批"的办法进行审批管理。由社会中介机构举办的商业性、群众性国际体育赛事不在此列，按照"属地管理"的原则，根据地方有关规定，自行办理相关手续。

（一）在中国举办的国际体育赛事分类

按照国际体育赛事主办方、比赛性质和重要程度分为A、B、C三类（表8-1）。

表8-1 在中国举办的国际赛事分类

A类	B类	C类
1.由国际体育组织主办的国际综合性运动会、世界锦标赛、世界杯赛、亚洲锦标赛、亚洲杯赛；涉及奥运会、亚运会资格积分的比赛 2.由体育总局主办或参与主办的重要国际体育赛事 3.由体育总局相关单位或所属运动项目协会主办的跨省（区、市）的国际体育赛事，以及举办涉及海域、空域及地面敏感区域等特殊领域的国际体育赛事	由体育总局相关单位或所属运动项目协会主导，与地方共同主办或交由地方承办的国际体育赛事	1.地方自行举办的国际体育赛事 2.由地方主导，体育总局相关单位或所属运动项目协会参与主办、协办的国际体育赛事

（二）各类国际体育赛事审批程序及要求

1.A类国际体育赛事审批程序及要求

A类国际体育赛事，需列入体育总局年度外事活动计划，按照现行规定和审批权限，报体育总局或报国务院审批。参加此类活动人员的来华邀请函、接待通知等相关外事手续由体育总局办理。

2.B类国际体育赛事审批程序及要求

B类国际体育赛事，需列入体育总局年度外事活动计划，原则上由承办地有外事审批权的地方人民政府或有关部门审批。参加此类活动人员的来华邀请函、接待通知等相关外事手

续由地方办理。具体操作程序是：由承办（或参与主办）单位所在省级或与地方有外事审批权单位同级的体育主管部门事先书面向有关项目中心（或所属协会）提出申请，有关项目中心（或所属协会）按照内部管理制度和程序履行内部审核手续，出具相关意见函，再由地方体育主管部门报有外事审批权的地方人民政府或有关部门审批。

3. C类国际体育赛事审批程序及要求

C类国际体育赛事实行报备制。作为地方外事活动由地方有外事审批权的人民政府或有关部门审批，并办理来华邀请函等相关外事手续。具体操作程序是：由赛事举办地的省级或与地方有外事审批权单位同级的体育主管部门事先书面向有关项目中心（或所属协会）提出申请，有关项目中心（或所属协会）按照内部管理制度和程序履行内部审核手续，出具相关意见函。再由地方体育主管部门报地方有外事审批权的人民政府或有关部门审批。体育总局相关单位（或所属协会）对相关赛事活动应给予业务指导。

C类国际体育赛事不再列入体育总局年度外事活动计划，但在制定年度外事活动计划时，应统一向体育总局报备。

（三）取消对商业性、群众性国际体育赛事的审批

除上述所列的A、B、C类国际体育赛事外，由社会中介机构举办的其他商业性、群众性国际体育赛事，赛事主办方按照"属地管理"原则，并根据地方有关规定，自行办理相关手续。地方体育主管部门对社会中介机构举办的商业性、群众性国际体育赛事应在竞赛组织等方面提供业务指导和技术支持。

（四）进一步加强对在华举办国际体育赛事的监管

1. 加强计划管理

按照科学规划、为我所用、量力而行、勤俭节约的原则要求，审核制定国际体育赛事计划。计划外的国际体育赛事原则上不予审批。年中对计划进行适当调整。

2. 强化收费监管

各级审批单位应按照分类审批的原则和国家有关规定认真审核、审批国际体育赛事。同时，应加强赛事相关收费情况的监督。各单位履行报批手续时，除按一般外事行文要求上报请示外，还需附有关收费情况说明。说明内容包括：

（1）申请举办该项国际体育赛事是否向地方收取申办费、注册费、批准费或其它相关费用，收取费用的依据、金额及用途。

（2）是否向国际体育组织上缴申办费、保证金等相关费用，上缴费用金额及用途，并提供国际体育组织的相关规定要求。

（3）国际体育组织是否按比例与承办方根据赛事推广、市场开发等情况要求分成，并提供国际体育组织的相关规定要求。

3. 加强事中事后监管

（1）体育总局有关职能部门将不定期与赛事主办、承办单位沟通情况，对赛事组织筹备、经费使用情况等进行检查，确保赛事按照国家有关规定规范运行。

（2）对于A、B类国际体育赛事，各有关单位在赛事举办后1个月内应向体育总局提交总结报告。

（3）对于C类国际体育赛事，各有关单位于每年11月10日前将本单位全年核准举办的C类国际体育赛事数量、基本情况、收费情况、举办成效及相关建议等内容一并向体育总局报告。

二、全国性体育赛事管理

1. 全国综合性运动会

全国运动会、全国冬季运动会、全国青年运动会，以及由中央国家机关有关部门牵头主办的全国综合性运动会，仍然由国务院批准举办，按照现行的审批程序执行。

2.《赛事名录》(见表8-2)内的赛事

《赛事名录》只限于全国性单项体育协会主办的竞技体育重要赛事，主要是以专业运动员为参赛主体的国内最高竞技水平的体育赛事，既不包含商业性和群众性体育赛事，也不是各单项体育协会竞技体育的全部赛事。《赛事名录》内的赛事由全国性单项体育协会主办，一律无需体育总局及其各厅司局、直属单位审批，主办单位可以自主确定或协商确定举办地点，且不得以此为由收取任何费用。

表8-2 全国性单项体育协会竞技体育重要赛事名录

1. 全国短道速滑锦标赛	28. 全国冰球青年锦标赛	55. 全国击剑青年锦标赛
2. 全国短道速滑冠军赛	29. 全国冰球联赛	56. 全国现代五项锦标赛
3. 全国短道速滑青年锦标赛	30. 全国冰壶锦标赛	57. 全国现代五项冠军赛
4. 全国花样滑冰锦标赛	31. 全国冰壶冠军赛	58. 全国现代五项青年锦标赛
5. 全国花样滑冰冠军赛	32. 全国冰壶青年锦标赛	59. 全国铁人三项锦标赛
6. 全国花样滑冰青年锦标赛	33. 全国冬季两项锦标赛	60. 全国铁人三项冠军杯赛
7. 全国速度滑冰锦标赛	34. 全国冬季两项冠军赛	61. 全国铁人三项青年锦标赛
8. 全国速度滑冰冠军赛	35. 全国射击锦标赛	62. 全国马术锦标赛
9. 全国速度滑冰青年锦标赛	36. 全国射击冠军赛	63. 全国马术冠军赛
10. 全国单板滑雪平行项目锦标赛	37. 全国射击青年锦标赛	64. 全国马术青年锦标赛
11. 全国单板滑雪平行项目冠军赛	38. 全国射箭冠军赛	65. 全国帆船锦标赛
12. 全国单板滑雪平行项目青年锦标赛	39. 全国射箭锦标赛	66. 全国帆船冠军赛
13. 全国单板滑雪U形场地锦标赛	40. 全国射箭青年锦标赛	67. 全国青年帆船锦标赛
14. 全国单板滑雪U形场地冠军赛	41. 全国山地自行车锦标赛	68. 全国帆板锦标赛
15. 全国自由式滑雪空中技巧锦标赛	42. 全国山地自行车冠军赛	69. 全国帆板冠军赛
16. 全国自由式滑雪空中技巧冠军赛	43. 全国山地自行车青年锦标赛	70. 全国青年帆板锦标赛
17. 全国自由式滑雪雪上技巧锦标赛	44. 全国BMX锦标赛	71. 全国赛艇锦标赛
18. 全国自由式滑雪雪上技巧冠军赛	45. 全国BMX冠军赛	72. 全国赛艇冠军赛
19. 全国越野滑雪锦标赛	46. 全国BMX青年锦标赛	73. 全国青年赛艇锦标赛
20. 全国越野滑雪冠军赛	47. 全国场地自行车锦标赛	74. 全国皮划艇静水锦标赛
21. 全国越野滑雪青年锦标赛	48. 全国场地自行车冠军赛	75. 全国皮划艇静水冠军赛
22. 全国跳台滑雪锦标赛	49. 全国场地自行车青年锦标赛	76. 全国皮划艇静水青年锦标赛
23. 全国跳台滑雪冠军赛	50. 全国公路自行车锦标赛	77. 全国皮划艇激流回旋锦标赛
24. 全国高山滑雪锦标赛	51. 全国公路自行车冠军赛	78. 全国皮划艇激流回旋冠军赛
25. 全国高山滑雪冠军赛	52. 全国公路自行车青年锦标赛	79. 全国皮划艇激流回旋青年锦标赛
26. 全国高山滑雪青年锦标赛	53. 全国击剑锦标赛	80. 全国举重锦标赛
27. 全国冰球锦标赛	54. 全国击剑冠军赛	81. 全国举重冠军赛

续表

82. 全国举重青年锦标赛	111. 全国水球锦标赛	140. 全国乒乓球冠军赛
83. 全国摔跤锦标赛	112. 全国水球冠军赛	141. 全国乒乓球青年锦标赛
84. 全国摔跤冠军赛	113. 全国水球青年锦标赛	142. 全国羽毛球锦标赛
85. 全国摔跤青年锦标赛	114. 全国体操锦标赛	143. 全国羽毛球冠军赛
86. 全国柔道锦标赛	115. 全国体操冠军赛	144. 全国羽毛球青年锦标赛
87. 全国柔道冠军赛	116. 全国体操青年锦标赛	145. 全国网球团体锦标赛
88. 全国柔道青年锦标赛	117. 全国艺术体操锦标赛	146. 全国网球巡回赛总决赛
89. 全国拳击锦标赛	118. 全国艺术体操冠军赛	147. 全国网球青年锦标赛
90. 全国拳击冠军赛	119. 全国艺术体操青年锦标赛	148. 全国高尔夫球巡回赛
91. 全国拳击青年锦标赛	120. 全国蹦床锦标赛	149. 全国高尔夫球团体赛
92. 全国跆拳道锦标赛	121. 全国蹦床冠军赛	150. 全国高尔夫球青年冠军赛
93. 全国跆拳道冠军赛	122. 全国蹦床青年锦标赛	151. 全国橄榄球系列积分赛
94. 全国跆拳道青年锦标赛	123. 全国手球锦标赛	152. 全国橄榄球冠军赛
95. 全国田径锦标赛	124. 全国手球冠军杯赛	153. 全国橄榄球青年锦标赛
96. 全国田径冠军赛	125. 全国手球青年锦标赛	154. 全国武术套路锦标赛
97. 全国竞走锦标赛	126. 全国曲棍球锦标赛	155. 全国武术套路冠军赛
98. 全国竞走冠军赛	127. 全国曲棍球冠军杯赛	156. 全国武术套路青年锦标赛
99. 全国马拉松锦标赛	128. 全国曲棍球青年锦标赛	157. 全国武术散打锦标赛
100. 全国马拉松冠军赛	129. 全国女足锦标赛	158. 全国武术散打冠军赛
101. 全国田径青年锦标赛	130. 全国足球青年锦标赛	159. 全国武术散打青年锦标赛
102. 全国游泳锦标赛	131. 全国女子篮球锦标赛	160. 全国蹼泳锦标赛
103. 全国游泳冠军赛	132. 全国篮球青年锦标赛	161. 全国技巧锦标赛
104. 全国游泳青年锦标赛	133. 全国篮球青年联赛	162. 全国棒球锦标赛
105. 全国跳水锦标赛	134. 全国排球锦标赛	163. 全国垒球锦标赛
106. 全国跳水冠军赛	135. 全国排球冠军赛	164. 全国桥牌锦标赛
107. 全国跳水青年锦标赛	136. 全国排球青年锦标赛	165. 全国围棋锦标赛
108. 全国花样游泳锦标赛	137. 全国沙滩排球巡回赛	166. 全国象棋锦标赛
109. 全国花样游泳冠军赛	138. 全国沙滩排球青年锦标赛	167. 全国国际象棋锦标赛
110. 全国花样游泳青年锦标赛	139. 全国乒乓球锦标赛	

3.《赛事名录》外的赛事

此类赛事既包括商业性和群众性体育赛事，也包括公益性赛事中的部分赛事。体育总局及其各厅司局、直属单位针对此类赛事的审批，一律取消。合法的法律主体（包括全国性单项体育协会）均可以依法组织和承办此类赛事，主办单位自行确定或协商确定举办地点。对于此类体育赛事，体育总局一如既往地给予支持和鼓励，全国性单项体育协会更多地从技术、规则等方面进行指导和服务。

4. 特殊项目赛事

对于涉及国家安全、政治、军事、外交等方面的特殊体育项目赛事，不论是否列入《赛事名录》，均继续执行国家和有关主管部门的规定，按程序办理相关手续。其中，举办全国性、跨省（区、市）的健身气功活动的审批和举办国际性或全国性航空体育竞赛活动审批，按照《国务院各部门行政审批事项汇总清单》（http：//spgk.scopsr.gov.cn/）明示的《健身气功管理办法》（国家体育总局令第9号）和《全国航空体育竞赛活动管理办法》（航管字〔2012〕345号）办理。

5. 赛事经费

体育总局依据政策和补贴标准，对《赛事名录》内的赛事和《赛事名录》外的部分赛事给予经费补贴，并欢迎和支持地方人民政府给予体育赛事地方财政补贴。各类体育赛事，均可由主办单位和承办单位协商，订立合同，合作进行市场开发，筹措赛事经费。所签上述合同，尤其是赛事主办单位的分成比例、名目等，应公平、公正、合理、合法，维护赛事主办单位和承办单位双方的合法权益。

三、赛事相关的法律和条例

为了赛事活动能顺利安全的举行，除了一些业务部门的管理外，还要接受一些现行法律和条例的监管，目前主要相关的法律条例有《大型群众性活动安全管理条例》，《中华人民共和国食品安全法实施条例》等，具体内容见附件。

第二节　合同

合同是当事人或当事双方之间设立、变更、终止民事关系的协议。依法成立的合同，受法律保护。活动项目中各方之间合同的有效性是极为关键的一环，合同中的条款应极为详细，以避免引起争端。各方之间应保持清晰坦诚的关系。对于一个新的活动项目管理业来说，寻求专业法律建设是最基本的一点。

一、合同的分类

体育赛事合同分类如图8-1。

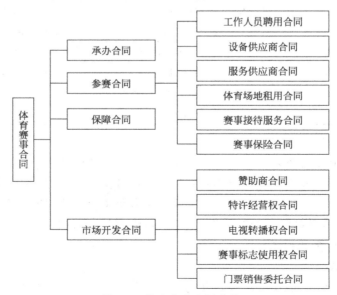

图8-1　体育赛事合同分类

二、活动管理合同的主要构成

活动管理合同反映了合同双方或多方所达成的一致理解和协议。一个具有约束力的合同必须包括以下一些主要构成部分。

（一）合同方

合同各方的姓名必须清楚，协议必须在合同方之间达成，且合同各方的身份必须明确。标准的活动管理协议一般在项目经理与他的客户或者项目经理与其供应商之间达成。其他合同可能在活动专业人员与保险公司、娱乐公司或者银行及其他贷款机构之间达成。

（二）要约

要约是指一方向另一方主动要求提供产品或服务。项目经理可以向客户提供咨询服务、供应商可以向项目经理提供产品。要约应该列出活动专业人员主动提供的所有服务。任何对信息的误传都可能导致今后耗费财力的诉讼。

（三）承诺

这一条款规定了接受要约的一方提供给另一方什么。

（四）接受要约

当双方均表示接受时就签署并执行协议，证明他们同意并遵循协议的各项条款。

（五）其他构成部分

合同的主要构成部分是合同方、要约、承诺和接受要约，但通常管理协议还包括许多其他条款和构成部分，其中最具有代表性的条款如下：

1. 期限

期限条款规定了资金将在何时以何种方式交予要约人。如果活动管理者提供了咨询服务，就可以要求客户事先交纳一笔保证金，然后再在每月的规定日期按月付费。这些期限条款规定了协议有效的财务条件。

对于一些体育活动，应在规定的具体期限内付款。在体育活动情况下，或者其他复杂的支付协议中，合同应附有一份独立的付款日程，并作为合同的一部分，合同双方应在付款日程上签字并注明日期。如果付款期限条款中提到预付款，就应该特别注意对活动取消时预付款如何退还的规定。例如，预付款是以期货交易的方式在一定期限内偿付，还是以现金形式付清。

在活动管理行业内，活动专业人员越来越关注如何降低内部和操作的风险，以提高企业的利润率。内部风险包括失窃、漏损和知识产权保护。活动专业人员必须与员工共同工作，监督工作程序以降低内部风险。

2. 取消

活动总是存在着被取消的可能性。因此，很有必要为这样的偶然事件提供一个详细的取消条款。通常，取消条款规定在何种情况下哪一方可以取消活动、如何进行通告（一般为书面）以及给予怎样的赔偿。

3. 不可抗力

在不可抗力条款中，合同双方达成协议，在发生人力所不可控制的情况时，允许取消活动而不必进行赔偿。规定不可抗力条款必须反映最常见的和可预测的，包括地震、洪水、火山喷发、龙卷风、饥荒、战争或其他灾难。

4. 仲裁

活动管理协议按照惯例包括一个允许双方在不能达成一致的情况下使用仲裁的条款。一般来说，使用仲裁的费用比传统的诉讼要少得多。

5. 宣传广告

由于许多活动包含有演艺人员或剧院演出，因此协议必须规定演艺人员将如何在广告或宣传中列出。

6. 时间条款

时间条款告诉双方协议只有在规定期限内签署才有效。通常这一条款用于防止要约人因购买方推迟执行购买行为而受到经济损失。

7. 转让

由于员工在组织内的任职期限变得越来越短，协议包含规定合同不能转让给他人的条款也就变得越来越重要了。例如，如果张三从 A 公司离职，协议双方是 A 公司和要约人，而不会转至张三的接替者。因此，张三是代表 A 公司执行协议。

8. 保险

通常协议会详细规定双方必须投保的险种和限制以及双方相互投保的要求。一些协议要求附有保险单的复印件，保险单在活动进行之前规定合同另一方为附加被保险人。

9. 保持不受损害及赔偿金

在任何一方所导致的活动偶发事件中，疏忽的责任方同意付损害赔偿金以保证另一方利益不受损害。

10. 信誉

对一项活动的组织反映了活动组织者和发起人的个人判断力或偏好，因此一些项目经理会通过一项有关认可购买方活动组织和管理服务的购买者信誉的重要性的特别条款；并声明会尽力在活动管理过程中维护信誉。

11. 达成的协议

一般地，达成的协议是指双方达成完全共识后所形成的最终条款和陈述。

（六）附件

附件是合同主体的附属物，通常列出支撑合同主体的重要组成部分，可能包括音响设备、照明设备及劳动力、食品饮料、交通、演艺人员的住宿或其他重要的除演艺人员劳务费之外的金钱方面的报酬。如果忽略了这个条款，则甚至有可能会造成整个活动无法正常运行。附件应附在合同主体之后，必须经草签或由双方分别签字以示同意。

（七）合同的变更

多数合同在执行之前都要进行进一步磋商，执行的结果也会发生变化。如果只是发生了两三个不重要的变化，你可以选择在另一方继续执行协议之前进行草签和注明日期，这表明你接受了这一变化，但在正式签字之前并不具有强制性的约束力。如果是重要的变更（如时间、地点、费用）或者变更数在三个或以上，则最好签署一个新的协议。

【思考题】

1. 按照合同标准格式，写一份举办某项体育活动的合同书。
2. 简述举办体育活动时应向哪些部门申请？举办活动时，向其他相关部门报批程序。

2007年全国田径赛事承办协议书

甲方：国家体育总局田径运动管理中心（中国田径协会）
乙方：当地具体承办单位
丙方：省体育局
赛事名称：
比赛日期：
比赛地点：
鉴于：
1. 甲方系中国田径运动的最高管理机构，根据国际体育组织、国家体育总局和中国田协的授权，负责管理在中国境内举办的国际、国内田径赛事；
2. 乙方承诺举办国际、国内田径赛事活动，且其申请已经甲方批准，并且已取得相关体育组织的许可；
鉴于以上，本协议双方根据我国法律、行政法规以及国家体育总局和中国田径协会章程的有关规定，并参照国际惯例，基于平等、自愿、诚实信用原则，就举办国际或国内田径赛事活动一事订立如下条款，由双方共同遵守：
一、甲方的主要职责：
1. 甲方是赛事的主办单位和组织管理者，拥有与赛事相关的一切权利。
2. 制定《全国田径项目竞赛规程》和《全国田径赛事承办协议书》等有关赛事管理文件及规定。依据国际田联的《田径竞赛规则》等有关规定和国家体育总局（包括原国家体委）的有关文件对赛事进行管理监督和指导，协调解决各方面的争议纠纷，处理比赛中的违纪违规行为。
3. 提供比赛的基本承办经费。
4. 甲方将协议项目的承办权与部分商业推广权授予乙方。
5. 甲方将按照《全国田径赛事组织工作指南》的有关要求做好赛事的指导、监督、协调工作。
二、乙方的主要职责：
1. 严格按中国田径协会审定的2006年田径竞赛规则和《2007年全国田径项目竞赛规程》及《全国田径赛事组织工作指南》的要求组织比赛。
2. 严格执行国家工商管理局及各地有关单位有关体育广告、临时性活动广告的管理办法和其他有关管理规定。
3. 购置保险，为以下风险提供担保：在赛期（从报到之日起至竞赛规程规定离开之日止）由本赛事组织和举办引起的责任或损失、伤害，其中包括参赛官员、裁判员、工作人员和观众的人身意外伤害保险。
三、丙方的主要职责：
1. 丙方作为全省竞赛的主管部门，协助甲方组织管理乙方承办赛事，并监督乙方执行国际田联关于本次比赛的各项规定以及甲方有关本次赛事的管理文件及规定。
2. 与乙方共同组织管理所承办的赛事，组织培训裁判员和竞赛辅助人员，完成本协议规定各项义务。
四、乙方须具备的比赛条件：
1. 具备经国际田联和中国田径协会审定批准的比赛用各种器材（具体要求见2007年田径项目竞赛规程）。
2. 通过中国田径协会官方网站泰松TCCS系统报名和处理成绩，保证成绩即时在中国田径协会官方网站公布；按要求编印秩序册和成绩册（A4规格，封面须在适当位置出现Nike（耐克）标志），秩序册和成绩册的封面须印制"中国田径协会"的字样和标识，并分别为甲方保留印制彩色广告的权益。
3. 应尽力营造良好的比赛气氛，力争比赛现场有一定数量观众。销售门票的赛事，组委会必须为中国田协和有关推广单位、赞助商等提供足够的VIP门票（50张以上）或证件。
4. 赛前45天，下发补充通知（补充通知须经甲方审核同意）。
5. 其他未尽事宜按照《全国田径赛事组织工作指南》的有关要求执行。
五、乙方提供的接待条件
1. 乙方成立接待组或指定专人做好运动队、裁判员及甲方指派官员和新闻记者的接待工作，配合赞助商进行现场布置、维护和保管好有关设备。
2. 承担由甲方指派的组织代表　　名、技术代表　　名、技术官员　　名、兴奋剂检查代表　　名、医务代表　　名、国际竞走裁判员　　名、终点摄影裁判　　名、国际公路赛丈量员　　名、宣告员　　名、仲裁　　名、裁判员　　名及其他在组委会任职人员　　名等，共　　名官员的费用（车票、机票和食宿）。
3. 其他未尽事宜按照《全国田径赛事组织工作指南》的有关要求执行。
六、经费
1. 协议签署之日起30日内乙方将账号通知甲方，赛前15天甲方将基本竞赛经费　　元人民币（　　万）转入乙方账户。

2. 乙方按竞赛规程规定的标准收取费用。
3. 乙方承担本次赛事规程所规定的其它有关费用。

七、协议有效期

本协议有效期自生效之日起至赛事举办完毕之日止，但本协议对双方权利义务另有约定的除外。

另外，双方确认本协议有效期终止日至迟不得晚于　　年　　月　　日，如果晚于该时间乙方应当经过甲方书面批准，且应当承担相应的法律责任。

八、协议提前终止

（一）在协议履行期间，经双方协商一致可以提前终止本协议，由各方按协商意见承担责任。

（二）在协议有效期间，如发生以下情形之一的，任何一方均有权在书面通知对方后立即终止本协议：

1. 因不可抗力致使不能实现协议目的；
2. 在履行期限届满之前，当事人一方明确表示或者以自己的行为表明不履行主要债务；
3. 当事人一方迟延履行主要债务，经催告后在合理期限内仍未履行；
4. 当事人一方迟延履行债务或者有其他违约行为致使不能实现协议目的；
5. 法律规定的其他情形。

九、违约责任

自本协议生效之日起，双方均应遵守协议各条款的约定，并对违反约定的行为承担法律责任，包括但不限于支付违约金或赔偿经济损失。

十、争议解决

本协议生效后，因履行本协议或与本协议有关的任何争议，双方均可向北京仲裁委员会申请仲裁，并按当时生效的仲裁规则进行仲裁。仲裁裁决是终局的，对双方均具有拘束力。

十一、协议生效

本协议书正本一式两份，自各方盖章并经各自的法定代表人或经法定代表人授权的代表人签字之日起生效。

十二、附则

1. 此协议适用于《全国田径赛事组织工作指南》中所列的田径赛事。
2. 未尽事宜遵守国际田联竞赛规则和国际田联赛事指南的有关规定。
3. 通知和送达

协议各方因履行本协议而相互发出或者提供的所有通知、文件、资料、账单，均以本协议首部所列明的人员、地址、传真送达，一方如果迁址或者变更电话，则必须提前7个工作日通知相对各方；

通过传真方式的，在有证据证明已发出传真时，发出传真时视为送达；以邮寄方式的，挂号寄出或者投邮之日起的第五个工作日视为送达日；

4. 本协议所涉及的所有当事者都同意此协议，本协议是建立在所有当事者都完全理解和认可的基础上并取代所有已往口头或书面协议；

本协议所含的条款与附件，包括各方达成的全部协议与共识，任何增加或修改除非以书面做出并由本协议各方签字盖章，否则均属无效。

5. 如在本协议期间的任何时候，任何一方未能按照要求严格执行本协议项下的任何条款，不应当解释为该方放弃了该种权利。任何一方在任何时候有权要求另一方严格并完整地履行本协议的任何条款。
6. 本协议中各条款的标题均仅为方便而设，不应对协议内容的理解产生任何影响。
7. 协议签订时间和地点：本协议于　　年　　月　　日在　　　　签订。

十三、本协议未尽事项，由双方友好协商解决。

甲方：国家体育总局田径运动管理中心　　　乙方：
（中国田径协会）

法定代表人：　　　　　　　　　　　　　　法定代表人：

代表人：　　　　　　　　　　　　　　　　代表人：

日期：　　　　　　　　　　　　　　　　　日期：

丙方：

法定代表人：

代表人：

日期：

第三篇　体育活动的管理

第九章　体育活动的市场营销管理

【本章目标】
1. 了解活动项目市场营销的步骤。
2. 了解体育赞助的相关知识。

一项体育活动要想能够取得成功，必须要有强大的经济支持，对于体育活动的组织方而言有时资金是最大的问题，如何能够使体育活动获得各方面的支持而最终成功举办呢？这就要依靠体育活动的市场营销了。

第一节　市场营销概述

一、市场营销涵义

市场营销是由英文 Marketing 一词翻译过来的，产生于美国，原意是市场上的买卖活动。随着市场经济的发展，人们对市场营销的认识在不断的深化，考虑问题的角度不同，便产生了对市场营销的不同理解，从而形成了不同的概念，比较典型的有以下几个方面。

（一）从营销理念出发

营销就是"确定市场需求，并使提供的商品和服务能满足这些需求。"它由美国人理查德 T. 海斯（Richard T. Hise）、彼得·L 吉勒（Peter L. Giller）和约翰·K. 瑞恩斯（John K. Ryans）在《市场营销原理与决策》一书中提出，并由此产生了"顾客就是上帝"和"顾客是我们的衣食父母"等营销理念。

（二）从营销的方法和手段看

"市场营销是（个人和组织）对思想、产品和服务的构思、定价、促销和分销的计划和执行过程，以创造达到个人和组织目标的交换。"它由美国市场营销协会定义委员会于1985年提出，并由此延伸了营销整合、营销策划等许多的营销实践应用，具有极强的实用性。

（三）从营销的广泛意义看

"市场营销是个人和群体通过创造并同他人交换产品和价值以满足需求和欲望的一种社会和管理过程"。它由美国市场营销学专家菲利普·科特勒（Philip Kotler）提出，并由此形成了政府营销、非营利组织营销等新的营销领域。

二、活动项目市场营销的过程

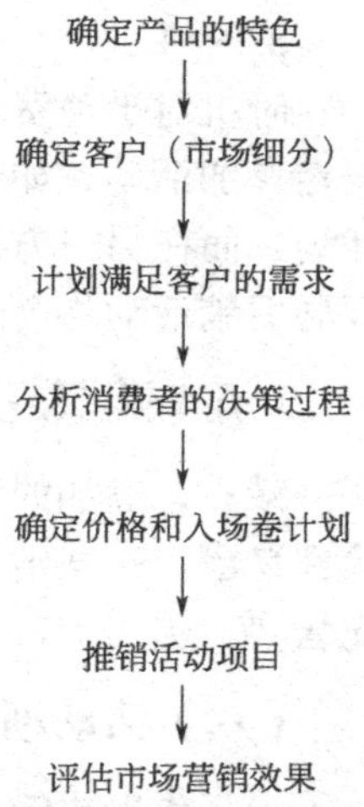

体育活动市场营销则是一种以塑造目的地体育形象为目标，以满足观念（包括体育者）对特定主题活动消费需求为手段的市场营销活动。市场营销过程如图9-1所示。市场营销的最终目的是提高活动（及相关赞助商）的知名度，满足活动项目观众的需要，而且在大多数情况下还要增加收入。一些节日庆典不是以盈利为目的的，它们都是由政府资助的，其目的在于吸引客户，提高上座率。

（一）确定产品的特色

每个活动项目都向客人提供一系列潜在利益，它们可能包括：①全新的经历；②娱乐；③学习的经历；④动人的结果；⑤与人沟通的机会；⑥购物的机会；⑦餐饮；⑧实惠的出游；⑨领略特色的机会。

在进行一项活动的市场分析时，调整产品优势和观众需求之间的关系是必要的原则。只有本着这一原则才可能设计并推销你的设计：赛前和赛中的娱乐很能说明问题，它们被认为是辅助主要利益的工具，并能使主题增辉的体育产品。

图9-1 体育活动项目市场营销过程

（二）确认客户

市场细分是分析客户群的过程。有些群体可能会欣赏某一特定的国家和西方音乐。而其他群体可能会喜欢大圆圈舞，而另一些人可能只为尽兴和气氛而来访。所以要仔细分析活动项目观众不同的动机，并为每一客户群制定相关的活动项目。

（三）设计满足观众需求

一旦你确定了自己的观众群体，就必须保证满足他们所有的需要。比如你的体育活动主要针对青少年，你就要在活动设计和营销方式上适合年轻人的口味，比如你要举办一场成功人士的高尔夫球比赛，在营销你的方案时，要处处注意你的方案是否能够满足那些成功人士的需求。

（四）分析客户的决策过程

下一个步骤是分析客户决策过程，此处调查所提供的信息对于指导促销是极为实用的。

1. 竞争压力（定位）

应当考虑来自其他娱乐形式的竞争，因为这种竞争会分散观众个人的可支配收入。同时也应审视经济环境以便了解诸因素对入场券购买的影响以及可能对旅游和住宿产生的影响。

2. 激励

潜在的客户可能会对不同的活动项目的某些层面有积极或消极的反应。例如，旅途的距离、人数的密集度和恶劣天气的风险，客户可被分为几类：决策者、跟随者、影响者和购买者。虽然在大多情况下决定参加活动的人（也许携带家庭成员或朋友）也是购买者，但在有些情况下他的决策受到他人的影响，例如如果一个青少年想去参加一个音乐会，他会向父母施加影响来为自己购买入场券，这时双方的需求都应得到满足：由于孩子们都不希望家长参加这类活动，上述提及的每个人，影响者、决策者、跟随者和购买者通常对活动的期待不同，并会对活动作出不同的评价。

3. 时机

时机对于消费者的决策来说是最为重要的，因为它影响着促销预算。问题是：客户何时决定参加活动？如果决策是在活动项目的两个月前确定的，你应在当时部署所有的市场创新计划。而在另一方面，如果决策是在一周、一天前作出决定的，那么如何和何时推出广告和开展促销活动将会起到重要的影响。

（五）购买或参加

最后，参加的欲望必须被转化成为购买的行动。如果客户得到的印象是获得入场券不是一件易事，一些消费者就不会花费气力去争取，实际上，对于某些庆典来说，根本不存在预先售票。

（六）活动项目的促销

一旦作出决策，确定最佳的活动项目促销时间后，下一个问题是如何进行促销。

1. 与众不同

一个活动项目，不论是体育活动、庆典或是冲浪狂欢都应区别于其他相关的闲暇选择。客户需要了解的是为什么这个活动项目与众不同。

2. 有效的沟通手段

为了促销而发出的信息是至关重要的。通常刊物中插页广告的目的是扩大各市场定位群体的参与，但其篇幅是有限的。因此文章和图片应采用创新的意识进行组合。如果有足够的时间和预算，应主张事先在消费者中进行沟通效果的试验。

促销的方式有多种多样，这包括个人推销、宣传品、广告、横幅、互联网广告、新闻、广播和电视广告及新闻发布会。

（七）评价市场营销活动

所有的促销效果都应仔细加以监控。例如，在举办一次年度活动时，消费者对各种促销手段的反馈能成为来年促销的指导样板。应通过提问题的方式来系统地评价市场营销活动。例如，"你在哪里得到活动项目的消息？"或"你何时决定参加这个活动项目的？"

三、市场营销组合

市场营销组合如图9-2所示。

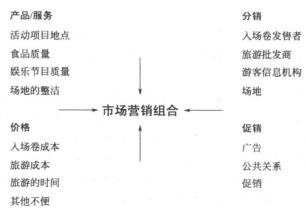

图9-2 市场营销组合图

第二节 体育赞助

一、体育赞助概述

体育赞助是一种以体育为载体的、以企业和体育部门之间支持和回报的交换为中心的、平等合作、共同获益的营销沟通手段。赞助最早见之于体育范畴。美国新英格兰铁路运输公司于1852年曾向哈佛和耶鲁两个大学的划船队提供赞助,免费运送他们前去比赛。与此同时大力宣扬此事,以吸引上千名体育迷购票搭乘他们的火车前往观看比赛,从而首开体育赞助之先河。大规模的赞助则始于20世纪60年代中叶的英国,始作俑者是壳牌、埃索和BP这三家跨国石油公司。他们于1965年总共耗资1000万西德马克赞助1.5公升级的汽车大赛,取得了在参赛汽车上粘贴公司招牌的回报,从而开创了企业大规模赞助与自身产品有直接关联的运动项目的先例。体育赞助宣传如图9-3所示。

图9-3 体育赞助宣传图

二、体育赞助的作用

体育赞助是一个双赢的过程,不管是对出资赞助的体育赞助方,还是接受赞助的被赞助方,都可以获得各自想要的结果,表9-1总结了双方的收益。

表9-1 体育赞助的作用

	赞助方	被赞助方
体育赞助的作用	扩大企业和品牌的知名度	扩大财源,增强活力
	美化企业和品牌形象	改善体育的社会形象
	重新塑造个性特征使商品差异化	提高体育的社会地位
	有针对性地与目标顾客沟通	激活各类比赛
	突现赞助者的实力与地位	促进运动水平的提高
	时间长又省钱	促进竞技体育的发展
	体育明星效应,威力大	满足人民日益增长的观赏需求
	能绕过某些沟通障碍	促进群众体育的开展
	展示产品和先进技术的良好平台	
	激励本企业的职工	

三、体育赞助的体系

体育赞助是一个系统工程，由赞助方——企业、被赞助方——体育部门、中介方——体育经纪人和传媒方4个子系统组成（图9-4）。各个子系统之间有着千丝万缕、错综复杂、相辅相成和利害与共的关系。只有当这4个子系统形成一个统一的有机整体，都紧密地面对一个共同的赞助目标，明确分工，各司其职，精诚团结，相互配合时，才能发挥赞助的最大效益，皆大欢喜，共同获益。

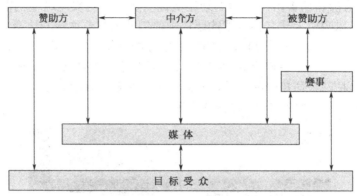

图9-4　体育赞助体系

四、体育赞助招商策划书

体育活动为了能够得到更多的资金和资源的支持，往往需要通过体育赞助来实现，如何能够得到企业及各方面的赞助是关键，在寻求赞助的过程中，一份体育赞助招商策划书起到了重要的作用，其实体育赞助招商策划书并不是很难，基本的结构如下：

（1）封面。

（2）策划小组名单，一般策划文案的参与人员包括：委托策划人：责任人或上级单位；参与工作人：制作人、主持人；专家团：特别顾问、特邀专家。

（3）前言（致词、感谢语、策划者的态度等）。

（4）目录。

（5）正文内容

① 赛事介绍

——赛事名称，举办日期、时间、地点

——赛事的目的和主要内容

——赛事的连续性情况：是传统赛事，还是一次性赛事

——赛事与众不同的特殊魅力和独到之处，亦即有哪些卖点

——参赛的运动队和主要运动员背景介绍

——体育、政治和经济界重要人士的态度和承诺

——同类赛事的历史资料，如实际上座率和收视率、媒体效果、赞助者名单等

② 目标受众预测

——观众和媒体特别是电视受众的范畴、分布情况和人数预测

——由谁以及如何来激发他们对赛事的关心

③ 赛事主办、协办和承办单位的简介
——知名度和透明度高的单位只须列名即可
——其它单位可做简介，包括其光荣历史和业绩
④ 赞助厂商的范畴
——本赛事特别适合哪些行业和类型的企业前来赞助
——本赛事与相应企业的形象之间的一致性和相融性
——赛事目标受众与相应企业目标顾客之间的吻合度等
⑤ 赞助办法
——赞助的方式，如冠名赞助商、主要赞助商、装备商、供应商……
——赞助金额多少，除了规定的赞助费用外，是否还有其它费用
⑥ 具体的回报内容
——不同档次赞助的具体回报内容，这是重点，应详细而具体地一一表明
⑦ 其它同步沟通措施
——在广告、促销、现场销售、公关等方面提供同步沟通措施可能性的详细说明，例如广告的方式、形式、数量、体积、摆放地点和方式等
——供赞助商开展促销、现场销售和公关等活动的范围及所能提供的空间条件状况，如：面积、位置、有效时间，是露天，还是室内？提供现成的场所，还是由赞助商自理
——赞助者和其商业伙伴以及目标顾客之间建立联系的可能性
——上述措施是否免费？如需付费，金额多少
⑧ 媒体效益
——赛事本身包装和炒作的计划
——与媒体特别是电视的合作方式
——已取得哪些媒体的配合承诺
——报道和转播计划，例如：电视以及其它媒体的曝光力度、次数、时间等
——和媒体特别是电视保持连续接触（如新闻发布会、新闻通报、新闻采访、电视采访等）的可能性等
⑨ 有意向的或已谈妥的赞助者名单
⑩ 中介机构或赛事承办者的权力、信誉和能力
⑪ 赞助效益评估方面的承诺
（6）附录（基础性数据资料、事件事例、补充说明文字、设计图文等）。

【案例】2007世界斯诺克中国公开赛（北京）市场计划

本案内容：
本计划书将由北京时博国际体育赛事有限公司向您阐述：世界斯诺克台球顶级赛事——2007斯诺克中国公开赛的整体市场计划及市场机会

内容索引
➢ 斯诺克赛事介绍
➢ 2007赛事基本情况
➢ 2007赛事市场机会
➢ 附件：2005、2006赛事回顾

一、赛事介绍

世界斯诺克锦标赛于2005年4月来到中国，名称为斯诺克中国公开赛。

- 在短短的两年中，斯诺克中国公开赛从国人所不熟悉的赛事，变成了具有惊人收视率、高关注度的赛事；
- 随着中国选手丁俊晖在2005中国公开赛上夺冠，引发中国民众对中国公开赛和斯诺克运动的狂热和深度关注，引发中国的斯诺克运动狂潮。
- 该赛事已成为北京重大比赛项目，在北京乃至全国均有着重大的影响力。
- 作为在北京举办的三大国际赛事之一，得到了市政府和国家体育总局领导的高度重视。

二、斯诺克赛事特点和受众

- 充满激情的精彩运动；
- 压力下对自己、对时间的精确把握；
- 高度的赛果悬疑，激烈的淘汰赛，只有一名选手能获得最后的胜利；
- 运动的、青春的、活力的、高技巧性的、一流的、现代的、富有运动家精神的、充满激情、偶像的作用；
- 新的斯诺克英雄是现在年轻人的偶像，观众主要是年轻人，全世界的观众群不断增加；
- 斯诺克运动代表着荣誉、体育精神和正直的价值观，符合企业价值观和产品推广理念。
- 广泛的参与：在中国有五千万以上的台球运动参与者。

三、斯诺克中国公开赛

- 斯诺克广泛的影响力：根据百度搜索结果，"斯诺克"：59万条；"斯诺克中国公开赛"：98万条；"丁俊晖"：113万条；"Snooker China Open"：126万条。
- 连续的赛事，每年3月在北京举办，带来稳定、持续的传播效果。
- 2005年4月3日决赛中，中国神奇小子丁俊晖将奇迹进行到底，以9比5战胜7次世界冠军—世界头号选手亨德利，夺得了自己首个世界台联职业排名赛的冠军。
- 中国偶像丁俊晖的出现，激起中国广大民众的自豪感，引发全社会前所未有的关注，为赞助商也带来了大规模的品牌曝光和媒体价值，并且引发有效的市场机会。
- 2005年中国公开赛，CCTV-5作为中国主转播机构，一周时间内29小时的电视直播和跟踪报道，收视率创新高，4月3日的决赛现场直播节目的中国观众为1.33亿。
- 2006年中国公开赛，CCTV-5共进行111小时的电视报道，其中31.4小时的电视直播；最高收视观众人数达7200万；总计电视观众人数18.8亿。
- 2006年中国公开赛，覆盖2.5亿欧洲观众的欧洲体育频道Eurosports进行了170小时的电视报道，130小时的直播；130万观众平均收看了15分钟的节目；8100万户家庭、9200万名观众收看了本次比赛。
- 通过国际转播合作伙伴播放长达12小时的中国公开赛赛事集锦，合作伙伴包括：中国台湾以及菲律宾ESPN Star Sports、新加坡Cable Vision、泰国UBC、中国香港i-Cable、澳大利亚Fox Sports，覆盖8000万观众。
- 超过150家平面媒体报道采访此项赛事，并每天发送新闻给英国的媒体以及其他国际传媒。

四、媒体计划

- CCTV-5黄金时段，持续一周转播；
- 转播情况：至少25小时的直播，及近100小时的实况录像、专题报道。

- 中国香港I-Cable
- Eurosport（欧洲体育）
- ESPN Star Sports- 中国台湾/菲律宾
- 新加坡-Cable Vision
- 迪拜I Sports Channel
- 澳大利亚FOX Sports
- 新闻报道：多达100名记者（包括海外记者）被允许参与报道此次中国公开赛。

五、市场机会

赞助商和合作伙伴类型

中国公开赛的赞助商/合作伙伴有以下几类：

1. 冠名赞助商　1000万人民币
2. 主赞助商　300万人民币
3. 官方合作伙伴　100万人民币

本文件提供了一份赞助类型指南，并且列出了各种相关的权利。

所有的"品牌宣传指南"都是灵活机动的，并且世界斯诺克锦标赛可以考虑赞助商和合作伙伴的独特要求。

六、冠名赞助商权利

1. 冠名权

冠名赞助商的标志以及名字会与2007年中国公开赛赛标结合在一起，不论在何处被提及或被使用。

冠名赞助商可以制作一个全新的赛事标志以更好反映赞助商公司的形象和感受；而全新的赛事标志也将在所有宣传材料和文献上得到推广。

（1）比赛场地的广告区域（详见示意图）

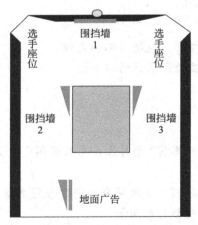

以下（但不限于）各具体位置可以供冠名赞助商放置品牌标志，所有标志将由主转播者最终决定并且符合中国的广告法律和法规。

赛场场地的设置可以采用冠名赞助商的主公司色调

A　赛场围挡墙1——板A，B，C，D

B　赛场围挡墙2——板E，F，G，H

C　赛场围挡墙3——板E，F，G，H

（主比赛场地共有12块板，每块规格为1000mm×400mm）
第一轮比赛到1/4决赛提供1张电视转播比赛桌区域和1张非电视转播比赛桌区域广告
半决赛以及决赛提供1张电视转播比赛桌区域广告

D　在多张球台同时进行比赛时所用的分隔板

E　参赛者座位区域

F　比赛开始前和结束时的画面/电视转播慢动作时都会出现冠名赞助商的名字，由主转播者最终决定

G　在电视直播或转播时，主持人提到赛事名称时会提到冠名赞助商

H　赛场内电视的终端（在主摄影位置的后面）

I　冠军/亚军奖杯

J　地面广告

K　参赛者服装——胸前，前8名参赛者每人1张（3英寸乘2英寸）

（2）场馆内的广告区域

冠名赞助商占60%
官方赞助商30%
官方提供商或官方合作伙伴10%

· 所有赛事标志、场馆的装饰，包括外部和内部
· 记者招待会的背景板以及摄影采访的布景板
· 电视演播室的布景
· 参赛者的官方练习室
· 其他区域广告

（3）新闻发布会：在赛事开赛前1个月左右举行新闻发布会

· 参赛者以及公共关系

被选中的参赛者在赛事开始前以及比赛期间将配合冠名赞助商参加公众活动（需与世界斯诺克台球联合会沟通，并支付额外费用）

2.特许权

（1）在相关的比赛场馆协议允许的范围之内，将授予冠名赞助商在赛事体育馆内的公共区域对其产品进行展示以及做消费者推广的权利

（2）世界斯诺克中文和英文官方网站

主要赛事主页的品牌以及横幅广告——英文和中文网站——由最终确定的赞助商费用以及其它权益决定

作为其权利的一部分，冠名赞助商可以利用赛事相关页面，包括可以使用公司颜色来替换网页原有色调。

如果合适，冠名赞助商有权邮寄Worldsnooker.com的数据库（向世界斯诺克用户发邮件以进行产品宣传）（在法律和信息保护允许的情况下）。

（3）数据的收集

在符合相关的法律和世界斯诺克有权使用该等数据的前提下，有权在比赛场馆或是通过世界斯诺克的网站进行数据收集活动。

（4）样品

在任何比赛场馆允许的范围之内，可以在比赛场馆提供公司的样品。

（5）商品

有权得到签名球杆以及签名纪念册，具体数量需与世界台联沟通。

（6）赛事宣传小册子和票封

在赛事宣传小册中有3页可以做广告；若制作票封，包括票封广告。

（7）产品排他性

冠名赞助商在赛事期间拥有产品的排他性。如果冠名赞助商在2007年中国公开赛结束后的60天内提交了其要约，并且其要约达到或超过了其他竞标者的2007年要约，则冠名赞助商将拥有成为2008年中国公开赛的冠名赞助商优先选择权。

（8）图像权

· 有权使用2007世界斯诺克中国公开赛的合成图像一年。（或者截止到2008年世界斯诺克公开赛，看两者哪一个先到期）。

· 合成图像是指在世界斯诺克使用的官方图像上加上所有参赛者在一起的图像，不得有任何更改，上面还要有世界斯诺克赛事的巡回标记以及中国公开赛的标志。冠名赞助商同时还有使用冠军举起奖杯的图像的权利，上面要有世界斯诺克赛事的巡回标记以及中国公开赛的标志以用做商业推广来向公众宣传其曾参与赛事。

（9）公司接待权

· 作为冠名赞助商，对VIP休息室以及参赛者休息室有命名权。

· VIP通行证以及赛事的门票将会延伸冠名赞助商的权利，供冠名赞助商招待其想招待的人。（VIP证件包括每天的中餐和晚餐；VIP证件可以不时与参赛者近距离接触）

第一轮——1/4决赛（包括1/4决赛）

20张VIP证件（可以进出VIP休息室、参赛者休息室或场内VIP座位区域）

每天100张免费球票

半决赛——决赛（包括决赛）

20张VIP证件（可以进出VIP休息室、参赛者休息室或场内VIP座位区域）

每天50张免费球票

（10）产品放置

冠名赞助商有权利通过提供产品和服务得到在赛事上放置产品的权利。

（11）颁奖仪式

赞助商有权推举一名代表颁发冠军奖杯。冠名赞助商同样保有颁发自己的奖杯给中国公开赛的冠军的权利（副部级以上领导参与颁奖的情况除外，但在此特殊情况下冠名赞助商可颁发亚军奖杯）。

七、主要赞助商权利

1.有权使用"2007世界斯诺克中国公开赛官方赞助商"的名称并有权自赞助协议签订之日起一年内使用世界斯诺克官方巡回标记或使用该等标记直至2008年中国公开赛。

2.有权在比赛场地和比赛场馆显示其品牌、并有权在公关活动中使用参赛者合成图像形象（合成图像的标准和要求同冠名赞助商权利）或让参赛者参加其公关活动（需与世界斯诺克协会沟通，并支付额外费用）。

3.产品排他性

冠名赞助商在赛事期间拥有产品的排他性。如果冠名赞助商在2007年中国公开赛结束后的60天内提交了其要约，并且其要约达到或超过了其他竞标者的2007年要约，则冠名赞助商将拥有成为2008年中国公开赛的冠名赞助商优先选择权。

4.公司接待权

（1）VIP通行证以及赛事的门票供官方赞助商招待其想招待的人。

VIP证件包括每天的中餐和晚餐

（2）VIP证件可以不时与参赛者近距离接触。

第一轮——1/4决赛（包括1/4决赛）

5张VIP证件（可以进出VIP休息室、参赛者休息室或场内VIP座位区域）

每天50张免费球票

半决赛——决赛（包括决赛）

5张VIP证件（可以进出VIP休息室、参赛者休息室或场内VIP座位区域）每天25张免费球票

5.以下区域的广告由主要赞助商平分：

- 9~16名参赛者服装——胸前广告，每人一张（3英寸×2英寸）。
- 有权得到签名球杆以及签名纪念册，具体数量需与世界台联沟通。
- 官方赞助商将平分新闻发布会/球员采访背景板广告位总数的30%。
- 赛场围挡剩下的广告区域（还有8个1000mm×400mm的面板，围挡1、2和3）将分配给"官方赞助商"。
- 其他区域的广告，视现场条件提供

八、官方供应商或官方合作伙伴

1.有权使用"2007世界斯诺克中国公开赛"（例如，水、车、计时器等）的官方名称并有权使用世界斯诺克官方巡回标记。

2.上述官方名称将被显示在所有赛事的宣传附属品和场馆装饰上。

3.以下区域的广告由官方提供商或官方合作伙伴平分：

（1）有权在球桌的侧围栏位置上显示其标志（Logo）（不能大于球桌的围栏）。

（2）有权在比赛场地的官方提供商或官方合作伙伴栏显示其标志（Logo）。

（3）有权在记者招待会和摄影采访的背景中出现其标志（Logo）。

（4）在冠名赞助商和官方赞助商品牌领域下面的显示其品牌。

- 摄像机位置

在每个有电视转播的球桌周围至少有13个摄像机位置，从最大程度上为赞助商和合作伙伴提供广告宣传机会

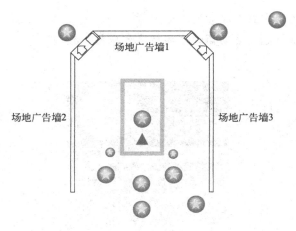

· 围挡墙广告效果图

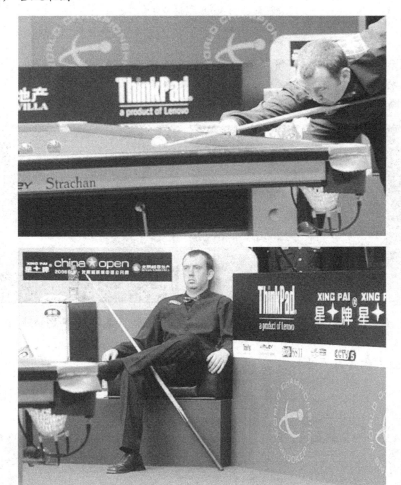

座位的设计和形状可以改变，以便进行品牌宣传

· 选手座位广告
· 选手球衣广告位
——3英寸×2英寸广告片

——选手也可将品牌穿戴在服装的其他地方
——着装颜色可以与冠名赞助商的主要标准色保持一致
· 奖品品牌宣传

——奖品和奖品支架可以同赞助商的主要标准色保持一致
——奖品将展示在VIP休息室中,在半决赛和决赛中,放在赛场上
· 赛场分隔墙广告

注:赛事预赛阶段,比赛场地中将设有2~3张球桌,每个比赛场地之间用4米高的分隔墙隔开。

· 场馆周边大幅海报广告

——比赛地点装饰
——比赛地点内外所有的赛事标志上均将体现出赛事的赞助商和合作伙伴
- 世界斯诺克中国公开赛纪念品商品
- 中国公开赛纪念品/签名活动
- 中国公开赛T恤衫
- 中国公开赛海报
- 母球签名

九、转播合作伙伴

- 中国—CCTV5
- 中国香港I-Cable
- Eurosport（欧洲体育）
- ESPN Star Sports-中国台湾/菲律宾
- 新加坡-Cable Vision
- 迪拜I Sports Channel
- 澳大利亚FOX Sports
- 电视直播媒体覆盖

2006年斯诺克赛事在CCTV-5的播放情况
- 111小时的播放
- 25.58小时的直播
- 最高收视达到7200万人
- 赛事中有四天收视率成为CCTV-5的收视冠军

2006年斯诺克赛事在Eurosport的播放情况
- 170小时的播放
- 130小时的直播
- 覆盖8100万户家庭
- 覆盖9200万名观众
- 130万观众平均收看了15分钟的节目
- 2006中国公开赛集锦的报道情况
- 通过国际转播合作伙伴播出长达12小时的集锦节目

转播合作伙伴	覆盖范围
中国香港I-cable	650000付费观众
欧洲Eurosport	欧洲各地2.5亿家庭
中国台湾/菲律宾-ESPN Star Sports	350000付费观众
新加坡-Cable Vision	350000付费观众
迪拜Sports Channel	覆盖中东、非洲和南亚
澳大利亚FOX Sports	覆盖澳大利亚70%的家庭

- http://sports.tom.com/snooker
- 与Tom Online合作的世界斯诺克中文官方网站
- 其中特别设计了2006迷你网站
- 发送了39场比赛的即时新闻、图片、视频以及在线聊天

- 10万人/天的浏览量，赛事期间共有180万人浏览
- 赞助商的标志广告，点击一下便可连接到其网站
- http://sports.tom.com/snooker
- 可以看到比赛内容、球员信息、娱乐版以及赛事的官方评论
- 70小时的视频资料
- 网上直播以及通往专属资料库的通道
- 来自比赛以及采访的图片
- 线下的球迷互动
- 200名选手竞争赢得比赛球票和球星签名的斯诺克商品
- 2006平面媒体覆盖
- 有超过150家中方媒体得到采访许可
- 发送每日新闻给英国的媒体以及其它国际传媒

包括路透社、独立报、每日电讯、泰晤士报、世界斯诺克英文网站

- 中国公开赛新闻发布会
- 地点——北京丽都假日广场
- 2006中国公开赛启动
- 有超过50家媒体出席
- CCTV（中央电视台）、BTV（北京电视台）、STV（上海电视台）播放了新闻

十、冠名赞助商活动

- 新闻发布会以及签字仪式
- 球员见面活动以及赛事开幕酒会
- 冠军酒会

十一、中国公开赛标志及赛事形象的使用

- 赛事宣传小册子
- 票封
- 海报
- 宣传单页
- 赛事商品
- 户外广告—北京

作业：

1. 活动项目市场营销的步骤有哪些？
2. 选择一项体育活动，设计一份体育活动项目的招商计划书。

第十章 体育活动项目的财务管理

【本章目标】
1. 了解财务管理的基本任务和相关术语。
2. 了解体育活动项目中应考虑的财务事项。

如果通过市场营销的出色表现,获得了相应的资金支持,那如何去管理这些资金呢?为什么有时明明获得了足够的预算,可是结束时还是亏空了呢?下面就带着这些问题来学习一下简单的财务管理知识吧。

第一节 财务管理概述

财务管理是一个专业性比较强的工作,在举办体育活动时,往往和专业的财务人员进行合作,但是作为体育活动的策划和管理人员,也要懂得一些基础知识和注意事项。

一、财务管理的基本任务

(1)筹集资金和有效使用资金,监督资金正常运行,维护资金安全,提高公司经济效益。
(2)做好财务管理基础工作,建立健全财务管理制度,认真做好财务收支的计划、控制、核算、分析和考核工作。
(3)加强财务核算的管理,以提高会计资讯的及时性和准确性。
(4)监督公司财产的购建、保管和使用,配合综合管理部定期进行财产清查。
(5)按期编制各类会计报表和财务说明书,做好分析、考核工作。

二、相关术语

(一)财务

指企业为达到既定目标所进行的筹集资金和运用资金的活动。泛指财务活动和财务关系,它体现企业和各方面的关系。

(二)毛利润

毛利润是指销售收入扣除主营业务的直接成本后的利润部分。其中的直接成本不包括企业的管理费用、财务费用、销售费用、税收等。

已售产品的毛利润计算公式为:毛利润=销售额-已售产品成本

（三）净利润

净利润（收益）是指在利润总额中按规定交纳了所得税以后公司的利润留存，一般也称为税后利润或净收入。净利润的计算公式为：

净利润＝利润总额－税收

毛利润净利润计算如图 10-1 所示。

> 如一家体育用品商店，一年的营业收入为 4000 万元，总计卖出了 2 万台跑步机，每台家用跑步机的平均进价为 1500 元，员工一年的工资 100 万元，房屋租赁等开支为 400 万元，营业税率为 3%，所得税率为 33%（15%），计算总成本、毛利润、营业税、净利润。
>
> 总成本＝家用跑步机的总进价＋员工工资＋房屋租赁费用＝1500×2+100+400＝3500（万元）
>
> 毛利润＝营业收入－成本＝4000－3500＝500（万元）
>
> 营业税＝营业额×营业税率＝4000×3%＝120（万元）
>
> 净利润＝利润总额-税收＝(500－120)×(1－33%)＝254.6（万元）

图 10-1　毛利润净利润计算

（四）保本点

为了计算出保本点（图 10-2），活动项目组织者需要估算应售出的入场券数额，从而做到收支平衡。这些支出包括固定成本，也包括可变成本。固定成本中包括执照费用、保险、行政开支、办公室租赁、广告费用和付给艺术家的酬金，这类支出并不因活动项目的观众增加而增长，一般被称为日常支出，可变成本因观众的参与人数而发生变化。如果餐饮是一个活动项目的组成部分，其成本肯定要随与会的人数而发生变化。一旦总收入与总支出（固定和可变）相等，就达到了保本点：保本点以上的部分就是盈利部分。

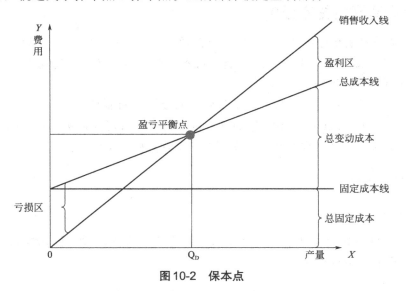

图 10-2　保本点

在一个体育展会过程中，活动项目的组织者将利用所制定的预算来确定需要多少参展商才能达到保本点。如果参展商的数目较少或目的是要完成预算（特别是冲抵固定成本），参展的费用就会提高，然而，在制定价格或费用时并非如此简单，因为从市场运作方面说总会有一个最高极限，而对活动项目来说也有一个最低的可操作极限，对于入场券或管理费用及保本点的反复分析过程是财务决策过程中的一个组成部分。

第二节 体育活动项目中应考虑的财务事项

作为体育活动的策划和管理人员要弄清以下关于财务的问题。

一、举办活动项目的目的是否是为了盈利？

许多活动项目的举办带有广泛的目的性，但却不包含盈利行为。例如，在街道上举行的游艺或音乐节是免费向公众推出的，其成本是由政府机构和/或赞助商承担的。通常由行业和个人提供相关产品和服务来帮助活动项目的正常进行。这使得准确计算活动项目的成本成为一件不容易的事情。然而，应指出的是所有其他支出都应得到相关的批准并记录在案。

如果一个活动项目的目的是为慈善机构募捐，就应首先制定目标，活动项目的支出和得到的款项都应明细分列。

二、活动项目的成本如何？

在募捐或其他任何非盈利的活动中，应着重计算活动项目的成本并跟踪审视活动项目的实际支出，在任何活动项目中，易手的资金必须有详细的记录，在大多数情况下，财务记录必须有审计的过程，支出或成本的费用包括上缴费用、佣金、广告、保险等。

三、什么是收入的来源？

一般情况下，收入源自出售入场券或收取参展费用。活动项目的商品销售也是收入的来源，这类商品包括运动衫、帽子等物品，可通过活动组织者出售也可通过零售商出售，活动项目组织者根据销售额收取一定百分比费用。这种计划有时在餐饮销售中被广泛使用。

四、如何计算入场券的销售与保本点的比例关系？

这是一个棘手的问题，从本质上讲，这取决于两个方面，是采用大场地、多观众和低价的方法还是采用小场地、观众数少和高价位的方法？

五、现金流动的情况如何？

活动项目极具特色，因为在大多情况下，只是在活动项目举办的当天才能得到收入。这意味着所有诸如工资、办公室支出和上缴费用的成本支出必须预先从现有基金中支出，当入场券早在活动项目举办之前就提前发出时，公司则处于令人十分羡慕的地位，因为这样可使其从收入中支付费用，而且还能在债务到期前收取这笔资金的利息，但很少有活动项目被列入这类部门之中，根据上述原因，现金流动计划是活动项目计划过程中基本的步骤。

六、需要哪些控制体系确保不发生欺骗行为？

所有部门都应各自负起责任并建立必要的体系，确保资金的正确流向。相关的体系和步骤能保证每一项资金交易都有案可查，所有支出都经过批准，包括付款、现金操作、支付税金等事宜。活动项目当天的现金管理体系往往并未到位，因此通常会发生收银机被开启，员工不打借条而拿取零钱以及现金袋被随便乱放这些明显不应发生的事情。

七、如何履行法律和税收义务？

雇佣合格的财务人员能保证你的行业账目准确并能符合法律要求。

八、预算

制定预算是计划初始阶段的一个组成部分。预算包括预期的收入和支出，根据这两项得出活动项目预计的纯收入。预算本身是一项计划，它根据所有合同签约商和供应商的准确报价而形成，同时还根据认真的调研来保证每项任务活动的支出都记录在案。它向人们提供了批准支出的原则并确保活动项目的财务各方面都步入正轨。预算是活动项目建议的组成部分或是活动项目管理方和客户之间引证基础。

九、管理费用

在许多情况下，一个活动项目组织者需要收取一定管理费来监管，一个活动项目作为计划中的一个大致数目通常被定在总成本的10%～15%。虽然一个活动项目可能预算很低，但它仍然要求投入最大的时间和力量。如果这时采用低于收费标准10%，那就不可能涵盖管理的支出成本。

早在签订任何合同之前，活动项目的组织人首先应理顺活动项目中的各项任务，根据任务的不同性质安排员工并确定其工资额度，从而能较为准确地估算出管理费用，并以此估算来制定出费用标准。有时活动项目的组织者可能会与客户建立一种合作性的营业模式，把管理费的额度建立在实际收入或得到的赞助额度上。

一旦确定了管理费的收取额度，客户就应向场地一方和分包商支付各种活动举办前期的各项费用。这笔费用的支付主要是供活动项目的组织者作为活动的管理和协调工作使用，并作为购买他们专业技能的费用，如他们的理念和实际的操作。

十、应急计划

多数的活动项目预算都包括一项应急计划，目的是针对一些可能出现的未知支出项目。这种未知项目的支出可能是活动成本的5%（如果活动项目组织者确信成本的可控制性）到10%（如果存在一系列未知变量或成本难以确定）。

十一、现金流动分析

由于计划阶段相对较长而获得收入的时间较短，在活动项目行业更需要资金投入的保证，例如：一个活动项目的组织团队可能要耗费一年的时间计划一个活动项目，并必须为此支付各项成本开支，而且所有这些开支须提前支付才有可能获得未来的资金投入。由于准备期为一年的时间，有可能所有场地的入场券会如期售出，所有的收入会在一天完成。这与日常经营的行业是不同的，后者会有更为平稳的现金流动，在此情况下，客户要为活动项目付费，因此通常要谈判商定资金的额度。然而至少到活动项目结束后的一个月，活动项目组委会才能收到最后的支付款项。做到收支平衡理想的做法是：应对完成预付款项或大额度的资金项目进行讨论，以减少现金流动中的问题出现。

总之，每月支出情况和预期收入额度需以报表的形式明细制定，以反映出现金流动的最佳管理方式。在活动项目行业，在活动项目开幕前几天发生的资金危机，并非偶然。

十二、损益表

损益表是一个活动组织者在特定时段内的收入、支出和净利润（或亏损）的表述。在多数情况下，损益表（或收益表）是在活动之后制定的：在一个理想境界里，损益表所体现的数字应与预算相符。预算就是一项计划，如果所有事情都根据计划而行，损益表则反映出所有这一切的运行情况。在活动行业，通常是在活动项目之前首先制定预算计划，然后制定损益表，而在其他行业的运营中，预算和损益表是按常规的和日常的方式制定的。在一个活动项目管理公司，每一个活动项目都有其独有的损益表并附有不断的审视过程，包括对公司自身的测评，在损益表中，一些重要的收入来源（如入场券的销售）会被列在前项。如果活动项目费用是由一个单一的客户支付，这一项将被列为第一项，因为这是主导位置的收入来源。总营业额是指扣除成本之前全部的营业额，这与总工资的概念一样，如果不考虑如税收、退休金等扣除项而得到的总额度即是你的总工资额度。

十三、资产负债表

负债表能测评出某一时段的运营情况，如某一财政年度的运营情况。资产负债表则向人们显示在某一时间点上你的企业的价值情况，如果企业业主拥有诸如音响和灯光一类的资产，这就与企业的运营有了紧密的联系。同样，如果企业负有未付的款项，也会对其经营造成影响。资产负债表会表明如果完成所有应付项目及所有产品售出（固定资产减去债务）后的经营情况。最终的得数即业主在运作中的净值。

十四、财务控制系统

所有的采购行为必须首先得到批准，而且通常要求填写采购单据。这表明管理人员有机会去审批员工报批的成本费用。一旦订购了产品或使用了对方提供的服务，在付款之前必须首先确认产品和接受的服务达到了本企业订购的要求。如果一位员工既有权进行采购，记录产品服务的购买情况，又能亲自处置货物的流程并为之付款，就可能会出现欺骗行为。这就是为什么采购环节中的工作需要不同的员工来担任。不论如何，整个控制系统应有检查和账目结存来确保。

（1）采购或其他支出得到批准，产品和服务符合要求；
（2）付款得到批准；
（3）款项支付；
（4）营业额入账，营业额总额记账准确；
（5）借项入账；
（6）所有交易账目清楚，收支平衡，遵守税收制度；
（7）向相关部门报告财务事项。

十五、紧急支付

紧急支付是财务运营上的一个非常规术语，并非只局限于活动项目业的运作中，但在本行业中，膨胀的紧急支付是需要妥善偿付的。人们所期待的往往是活动项目组织者能控制所有的活动项目费用并早在活动项目举办前就确定所有预算，在正常运作中，应控制不可预知的紧急情况的出现，但在你的预科中却不应忽视这一项！

在实际生活中越是临近活动项目开始，就越难与对手谈判确定你需要投入活动项目中产品及服务的价格。实际上如果出现了最后关头的危机，它将导致极高的价位，即紧急支付。总而言之，供货方是支配着活动项目的组织者，提前制定的详细计划和精细的签约谈判可以防止此类情况的发生。

作业：

1. 解释什么是毛利润、净利润、保本点。
2. 作为活动项目策划管理人员应该了解的财务的注意事项有哪些？

第十一章 体育活动项目的风险管理

【本章目标】
1. 了解什么是风险，体育活动项目的风险都有哪些。
2. 知道如何进行风险控制管理。

1976年蒙特利尔奥运会给加拿大经济带来巨大的厄运，它所造成的12亿美元的亏空需要在全国加征烟草税才能填补，并且至今还没有付清。据希腊财政部透露，2004年雅典奥运会的总体费用将超过100亿欧元，是此前46亿欧元预算的两倍。受此影响，2004年希腊的国家财政预算赤字占国内生产总值的比重将从预测的2.9%增加到4%以上，从而打破欧盟"稳定与增长公约"所规定的3%的上限。为了保证奥运会经费，希腊政府2004年头两个季度发行的债券总额已达300亿欧元，第三季度准备再发行50亿欧元，最终很可能超过全年发行380亿欧元债券的总额。希腊人为了奥运会可能要背负近10年的债务。希腊财政部副部长佩特罗斯·杜卡斯的已经表示：奥运会的成本短期内不可能收回。这说明举办体育活动是有风险的。

第一节 风险概述

一、风险

所谓风险，其实就是活动结果的不确定性，是人们因对未来行为的决策及客观条件的不确定性而可能引起的后果与预定目标发生多种负偏离的综合。举办活动尤其是大活动时，其运行状态和结果可能是活动组织管理者以及所有利益相关者愿意看到的，但是有时某些活动组织管理者和利益相关者所不愿意看到的运行状态和结果也可能出现。

二、体育活动风险的种类

体育活动可能遇到的风险见表11-1和图11-1。

表11-1 体育活动可能遇到的风险

分类	举例
自然灾害	暴雨冰雹、洪灾、火灾、疾病、地震等
财务风险	债务危机、经济危机、罚款、收入减少、赞助商撤出等
法律风险	知识产权、民事纠纷、侵权等

续表

分类	举例
与技术相关的风险	设备故障、系统漏洞等
管理风险	计划不周全、关键人员流动、罢工等
安全和保安风险	骚乱、食品中毒、踩踏等

图 11-1　几种存在的风险

第二节　体育活动风险管理

一、体育活动风险管理

（一）活动风险管理概念

所谓活动风险管理是指活动组织管理者对可能遇到的风险进行预测、识别、评估、分析，并在此基础上有效地处置风险，以最低成本实现最大安全保障的科学管理方法。由此可见：

（1）体育活动（包括其他规模的活动）风险管理的主体是活动的组织管理者，这个组织管理者可以是专业的活动公司，也可以是政府部门，当然如果活动的规模较小，甚至也可以是个人，因此活动风险管理概念的外延很大。

（2）活动风险管理是由风险预测、识别、评估、分析、处置等环节组成的，是通过计划、组织、指导、控制等过程，通过综合权衡各种科学方法和方案，从中选择最佳的管理技术和风险管理方案以实现其成本收益目标。

（3）活动风险管理的目标是实现最大的安全保障，若活动风险管理不善，则与增加了的受伤、盗窃以及其他不幸相伴随的自然就是不断增多的费用。这些费用主要来源于两种途径：活动直接创收的损失和保险商被迫偿付的高额保险赔偿金。而最大的损失可能是由此悲剧及其不良社会影响所导致的商机的流失。

（二）活动风险处置的可选方案

通过对活动风险的评估和分析，把活动风险发生的概率、损失严重程度以及其他因素综合起来考虑，就可得出活动发生各种风险的可能性及其危害程度，再与公认的安全指标相比较，就可确定项目的危险等级，从而决定应采取什么样的措施以及控制措施应采取到什么程度。活动风险处置的可选方案包括风险回避、风险控制、风险自留和风险转嫁。

1. 风险回避

风险回避是在考虑到某项活动的风险及其所致损失都很大时，主动放弃或终止该活动以避免与该活动相联系的风险及其所致损失的一种处置风险的方式，它是一种最彻底的风险处置技术。它在风险事件发生之前将风险因素完全消除，从而完全消除了这些风险可能造成的各种损失，而其他风险处置技术，则只能减少风险发生的概率和损失的严重程度。在对该活动进行风险预测、识别、评估和分析后，如发现实施此项活动将面临巨大风险，一旦发生事故，将造成活动组织方无法承受的重大损失，而组织管理者又不可能采取有效措施减少其风险和损失幅度，且保险公司也因该活动风险太大而拒绝承保，这时就应放弃或终止该活动的实施，以避免今后可能发生的更大损失。

2. 风险控制

风险控制是为了最大限度地降低风险事故发生的概率和减小损失幅度而采取的风险处置技术。可采取以下措施控制风险：根据风险因素的特性，采取一定措施使其发生的概率降至接近于零，从而预防风险因素的产生；减少已存在的风险因素；防止已存在的风险因素释放能量；改善风险因素的空间分布从而限制其释放能量的速度；在时间和空间上把风险因素同可能遭受损害的人、财、物隔离；借助人为设置的物质障碍将风险因素同人、财、物隔离；改变风险因素的基本性质；加强风险部门的防护能力；做好救护受损人、物的准备。为此可以采用先进的材料和技术，有针对性地对实施活动的人员进行风险教育以增强其风险意识，应制订严格的管理操作规程，以控制因疏忽而造成不必要的损失。

3. 风险自留

风险自留是由活动组织方自行准备资金以承担风险损失的风险处置方法，在实践过程中有主动自留和被动自留之分。主动自留是指风险管理者在对活动风险进行预测、识别、评估和分析的基础上，明确风险的性质及其后果并选择筹措资金主动承担某些风险。被动自留则是指未能准确识别和评估风险及损失后果的情况下，被迫采取自身承担后果的风险处置方式。被动自留是一种被动的、无意识的处置方式，往往使活动组织方因已造成的严重后果而遭受重大损失。有选择地对部分风险采取自留方式，有利于活动组织方获得更多的利益，但究竟自留哪些风险是风险管理者应认真研究的问题。

4. 风险转嫁

风险转嫁是指活动组织方将活动风险有意识地转给与其有相互经济利益关系的另一方承担的风险处置方式。风险转嫁也有两种方式：保险转嫁和非保险转嫁。保险是最重要的风险转嫁方式，保险的理论研究和实践活动在风险管理发展的早期就已经得到了充分发展，通过保险方式转嫁风险的有关论述将在下文具体涉及。非保险型转嫁方式是指活动组织方将风险可能导致的损失通过合同的形式转嫁给另一方，其主要形式有租赁合同、保证合同、委托合同、分包合同等。通过转嫁方式处置风险，风险本身并没有减少，只是风险承担者发生了变化。

二、获取保险费

保险是用来将风险转移到第三方（即保险商）的一种手段。许多供应商要求活动管理者或组织者为每次活动购买相关的保险。相关管理者对活动保险进行了类似的限制，将其控制在一定权限之内。复杂性高、风险性大的活动就要求较高的保险限额。

（一）确定适当的保险费用

在寻求正确的保险以最小化风险之前，应该要用充足的时间进行调查并安排正确的保险项目，包括询价、进行专业咨询。为此最好能确定一名好的保险经纪人以提供关于活动所需险种的专家建议。在活动中较有代表性的保险产品包括汽车险、健康险、董事会的责任险、业务中断险、取消险、人寿险、志愿者个人意外事故险、职工赔偿险、公共责任险、天气险和财产险等；在与供应商和市政当局共同协商决定投保的级别之后，还需要一名专业保险经纪人提供更为深入的建议。

一名专业保险经纪人有与活动管理相应的专门的保险产品及服务的丰富经验。例如，一些大的公司为地方性游行及节日庆典等活动的参与者提供专门的保险产品。他们在为各类活动的特定风险提供建议和咨询方面很有经验。

在征求过两名以上的保险经纪人的意见并确定活动所需险种之后，就可以请每个经纪人提供报价。经纪人会要求提供一份详细的列表，其中包括整个活动的日程记录、可能发生的事故（比如烟火事故等）以及其他重要信息。经纪人会将这些信息提交给数名保险商，然后为活动组织管理方提供一个报价。

成本效率最高的保险费用是年度整体保险责任计划。一些活动的管理者每年只需2000美金就可以得到保险商对多种风险的赔偿。另有一些活动管理者以每个活动为基础来付保险费。保险经纪人会帮助决定特定的体育活动中究竟最适合采用哪种体系。

保险还应该考虑参与活动的客人或其他人员，这些人群的保险主要通过加保条款解决。加保条款是指如果由于其他原因而发生事故，保险将负责对加保项目的赔偿。在同意加保之前，应同保险经纪人就其额外费用及合理性问题进行商讨。同时你也可以要求对方在其保险单中对你实行加保。

（二）保险范围外项目

每一份保险单都要将赔偿范围之外的风险明确列出。必须与经纪人进行协商并仔细检查保险单，确保活动的赔偿范围没有错误。例如，如果活动中使用了烟火，而它却在目前的赔偿范围之外的话，你就可以对活动进行额外加保。

（三）事先已有的保险范围

购买保险之前，检查事先已有的赔偿范围。活动中的一些相关风险可能已经包括在赔偿范围之内。在进行检查时，专业保险经纪人会提供关于活动赔偿范围的建议。

三、风险控制

（一）对盗窃行为的预防

防止盗窃行为的最佳策略是进行责任划分。现金处理、押金等方面的事务须由两名以上的员工专门负责。

（二）现金

现金交易必须细致精确。建议准备一本专门的现金事务情况记录本。即使是很小数目的现金也会累积成很大的一笔钱。每个专门负责现金事务的人员都应有不定期的休假期，用来检测该员工的工作情况。工作情况良好的员工将被继续雇用，而有违法行为的员工则要被解雇。

（三）财产清单

防止财产丢失的一个重要方法是将财产管理的特定程序结合起来。贮存设备应在监控之中，由两名员工专门负责此事。所有的财产支出记录都应保存下来并进行不定期的检查。在实时电脑系统中，财产一经支出就应使其条形码进入系统。

作为活动管理者，必须亲自批准所有的设备毁坏及其更新，活动管理组织须要分析其毁坏程度。对所有持续性的非正常情况都必须进行深入调查分析。对库存量应进行有规律地实测。短缺部分应重复检查，将其与可接受的短缺水平相比较。

（四）版权

一些活动管理组织的资产分别有其相应的品牌。这是他们对活动的良好期望的重要组成部分。任何活动管理组织都必须保护其品牌。活动的专门人请教版权和知识产权专家，以评估在活动范围内可能出现的相关问题。所有活动组织的品牌名称和标志都应包括清楚的版权标志和警告性陈述。

（五）环境保护

1992年联合国环境与发展大会之后，环境保护成了许多商业活动关注的问题。国际奥林匹克委员会及所属各单项体育联合会和各国奥委会也就环境问题签署了相关文件，并在将体育和文化蕴含到奥运会中后，进一步蕴含进了"环境"的主题。污染、危险物的排放等环境问题也就成了一个非常重要的风险问题。

四、紧急应急计划

体育活动可能遇到的风险及应对见表11-2。

表11-2　体育活动可能遇到的风险及应对

步骤	确定风险的性质	测评风险的影响	管理控制	管理控制：应急计划
1	火灾和转移	影响极为严重，然而由于场地设计合理，风险不高	制定场地应急计划。不断使用检查表格来监控并控制（如：灭火设备，通道和紧急出口）。员工培训	制定场地应急计划，明确与应急服务的沟通。合理安排高级员工的岗位
2	群体管理控制	由于交通耽搁对场地人口造成最大的影响	利用促销材料和入场券的发售过程向观众建议交通和泊车的方案。设置疏导员、标志和群集控制围栏，防止出现拥堵	持票观众在活动开场后不必验票可直接通过入口进入场地。设置高级员工处理无票入场者引起的问题
3	财务管理	活动项目组织者的财政失误，违反合同	财务监控制度：采购和支出的有限权力。财务委员会的合同和现金流动管理。入场券和表演及餐饮收入的管理。运送现金的安全押运。培训员工掌握运营步骤	有限的短期资金市场 赞助和重要来宾
4	员工管理	不合理的员工筛选和培训会影响服务水准和客户满意度。影响活动项目的氛围	建立岗位职责和岗位细则，建立招聘机制，提供培训和支持材料。为督导提供领导艺术和控制系统的培训。为高层员工建立工作表现评估。建立员工雇佣政策和步骤，工作表现管理，除名和安全规章制度	雇用专业员工。志愿者工资支付。工作实习学习组。工作完成奖金。参加证书

续表

步骤	确定风险的性质	测评风险的影响	管理控制	管理控制：应急计划
5	职业健康和安全	诉讼的费用，负面的公众舆论，罚款	建立制定相关政策和步骤减少工作区域的风险。包括使用执照的分包商，完成设备保养任务，设置临时机构满足标准要求。整理并经常审视工作计划，包括体验	建立申报和整理系统来记录与健康和安全有关的事件，包括事故的目击者。意外事故应急计划。法律咨询

作业：

1. 什么是活动风险管理？风险管理方式有哪些？
2. 应急计划有哪些？比如出现了火灾、食物中毒、恶劣天气，针对这些情况你将如何进行风险管理？

第十二章 体育活动的组织人员管理

【本章目标】
1. 了解组织结构的相关概述。
2. 知道大型体育赛事活动的组织结构的构成。
3. 知道体育活动项目人力资源管理的相关内容。

一个小型的活动工作人员数人到数十人，一个大型活动往往工作人员有几万人到几十万人，如何在活动策划和管理中协调好这些人力资本也是我们面临的重要问题？我们需要建立什么样的组织结构才能更高效的管理工作团队呢？带着这几个问题我们开始本章的学习。

第一节 体育活动机构组织概述

体育活动的组织是通过一定的组织机构和各种人员的作用，把体育活动组织中的资金、物资和信息转化为可供出售的活动产品，使计划由观念形态转化为现实形态的过程。

一、组织管理的内容

体育活动组织管理的主要内容包括组织设计、人员配备、组织运转和组织变革。

二、组织结构类型

（一）直线制

它是上下垂直的组织形式，其优点是结构简洁，职权和任务明确；其缺点是对突发事件处理迟钝和僵化。

（二）职能制

它是在最高决策层下，按专业横向分设管理职能部门。其优点是提高了专业化程度，增强了处理突发事件的能力；其缺点是如果分工过细，容易造成多头领导。

（三）直线–职能制

它是由经营垂直指挥系统与职能横向协调系统结合而成。其优点是在提高经营业务部门指挥效率的同时，强化了专业职能部门的监督与参与作用。

三、岗位职责

在选择合理的组织结构类型之后，体育活动机构应根据管理目标和管理任务进行定编定岗。岗位编制主要是在组织结构框架内进行岗位设置和人员配置，以适当的人员充实组织结构所规定的岗位，从而保证组织的正常运行。岗位和工作人员的数量在一定时期相对稳定，但随着体育活动机构的经营范围不断扩大和业务量的不断增加，以及组织内部管理效率和协同作用的不断提高，岗位编制长远来看也是一个持续改进的动态调整过程。

四、大型体育活动项目的形式组织结构

与相对固定的企业组织结构不同，体育活动项目的组织结构具有临时性特点，一旦项目完成，临时机构自动解散。为了在短暂的活动期间突出体育活动项目重要性和权威性，除了具体负责项目运作的实际组织机构以外，体育活动项目一般还设立由主办、协办、承办、赞助等单位构成的形式组织结构。

（一）主办单位

体育活动项目的主办单位在法理上应当是计划项目的主要策划、制订和实施者，应当对体育活动项目的实施承担主要权利和义务。在体育活动实践中，主办单位的角色多数由相应级别政府或政府主管部门担当，这就使政府同时扮演了体育活动项目的宏观行政管理和企业微观管理双重角色，其中行政管理是实，而项目主办是虚。即使有些体育活动项目由行业协会或科研机构担当主办单位，但受制于体育活动组织的复杂性和专业性，实际主办单位依然是那些拥有专业组织经验、专业人才和专业设备的各类会议、展览或广告公司。

（二）协办单位

体育活动项目的协办单位是计划项目的协助策划、制订和实施者，一般是为项目计划和实施提供政策、咨询、技术、组织等支持的政府相关管理部门、相关行业组织、相关科研机构和承办单位的业务合作伙伴。

（三）承办单位

体育活动项目的承办单位是受主办单位委托具体执行和实施计划项目的机构，但在体育活动组织的实践中，承办单位通常是项目计划真正的策划、制订和实施者。体育活动的承办者一般是政府主管部门、行业组织、行业咨询机构、科研机构、会展公司、体育活动咨询策划公司和相关行业的知名企业。

（四）赞助单位

体育活动项目的赞助单位是为体育活动项目提供资金、实物、场地、技术、劳务等各种形式赞助的大机构和大企业。这些单位主要是通过赞助的形式表示对体育活动主题的支持，同时借助体育活动的各种宣传渠道和媒体展示机会树立本机构或企业的形象。

五、大型体育活动项目的运行组织结构

体育活动运行组织结构是指负责项目运行的实际组织指挥系统，它一般表现为体育活动组织委员会形式。对于规模较大、时间较长、组织较难的体育活动，还在组委会之下设置若干专门委员会。

（一）组织委员会

体育活动一旦立项，即交由临时组建的组织委员会负责运行，统筹组织和实施项目计划。体育活动组委会是组织、管理、实施体育活动项目的临时性专门机构，主要由主办单位和承办单位指定的代表构成，同时也吸收少量协办和赞助单位代表参加。其主要职能包括：①全面负责体育活动项目的组织与管理工作；②制订和组织实施体育活动项目实施方案；③制订和执行筹资计划和财务预算；④制订和组织实施宣传与市场营销计划；⑤制订和组织实施各类主题和分主题活动计划；⑥制订和组织实施招商与招展计划；⑦制订和组织实施有关商贸活动和旅游活动；⑧制订和组织实施场馆设计、租用（含建设）与装潢计划；⑨制订和组织实施人力资源（含志愿者）开发计划；⑩制订和组织实施服务接待计划；⑪制订和组织实施客货运输计划；⑫制订和组织实施安全卫生计划等。北京奥组委大楼门前如图12-1所示。

图12-1　北京奥组委大楼门前

（二）专门委员会

专门委员会是体育活动组委会下设的专业职能机构，负责制订和组织实施特定专项业务的具体实施方案。专门委员会的数量取决于体育活动的性质、规模、时间跨度和组织工作的复杂程度，但其主要工作类型和职责可以概括在以下几个典型专门委员会之中。

1. 宣传委员会

负责制订和执行宣传与市场促销实施方案，包括组织各种公众宣传和商业广告，起草体育活动各类文件，提供活动举办地信息，设计体育活动标识、图片、海报、招贴画、传单等，发布体育活动新闻和公告，制订礼仪规范，组织翻译，设计和印制活动日程和节目单，起草、印制和寄送感谢信等。

2. 工程委员会

负责制订和执行场馆设计与施工方案，包括选择和预订活动场馆，组织场馆装潢和建筑设计，绘制场馆与设施分布图，组织场馆安全保卫工作，制订紧急情况应急预案，组织交通与停车场管理。此外，还负责与政府有关部门联系，申请办理举办体育活动的各种许可和批件。

3. 财务委员会

负责起草和执行预算，包括监督和控制收费与支出，记账，支付劳务报酬，募集资金，收取并转存支票，制作财务报告，招募赞助商和展览商等。

4. 餐饮委员会

负责制订和执行餐饮服务实施方案，包括设计菜单，采购食品，组织菜单制作与供应，租用和安排餐饮设施与设备等。

5. 接待委员会

负责制订和执行接待服务实施方案，包括设计和组织实施体育活动评奖活动与评奖方案，选择定点饭店和家庭接待点，接待来宾并安排住宿，安排活动期间的社交活动，招募志愿者并制订志愿者工作日程，安排庆典仪式，组织清洁场地。

6. 票务委员会

负责制订和执行门票销售计划，包括门票需求预测，门票设计，门票订制，售票和座位控制等。

7. 舞台与展览委员会

负责制订和执行舞台表演与展览活动实施方案，包括选择和安排剧场，编制节目单，安排排练与演出，布置舞台（与工程委员会合作），布置展览，组织评奖和颁奖仪式，负责控制灯光、音响和舞台设备，安排研讨会与讲座等。

8. 主题与表演委员会

负责制订和实施体育活动主题设计方案，包括开发和细化主题，筛选并确定分主题，根据主题进行主场馆和分场馆的表演。

9. 交通委员会

负责制订和组织实施交通运输计划，包括租用客车与货车，编制运输时间表，招募司机，协助确认活动代表的航班，组织机场接送等。

第二节 体育活动机构的人力资源管理

体育活动的人力资源管理，是指体育活动机构为了实现既定目标，对人力资源进行有效开发、合理利用和科学管理的过程。

一、人力资源管理流程与职责

（一）人力资源管理流程

体育活动人力资源管理流程可概括为分析—规划、获取—配置、培训—开发、绩效—评价、奖惩—激励、效能——保持以及关系—调整。

（1）分析—规划：主要包括体育活动工作分析、设计与再设计、建立人力资源管理信息系统和编制人力资源发展规划等环节。

（2）获取—配置：主要根据人力资源发展规划和具体活动项目的需要获取并配置人力资源，包括招聘（程序、渠道和方法）、甄选（自我介绍、面试、测试）和录用等环节。

（3）培训—开发：根据人力资源发展规划、具体活动项目的需要以及员工的自身特点进行各种形式的培训和开发，主要包括员工导向与社会化、员工培训和职业发展管理等。

（4）绩效—评价：根据工作计划所确定的目标指标和员工的实际工作成果，通过对比测定对员工的工作业绩进行评价，主要包括工作评价、绩效考核和士气调查等。

（5）奖惩—激励：根据工作业绩评价结果，确定具有激励性的奖惩政策和措施，主要包括薪酬奖励、保险福利和纪律处罚等。

（6）效能—保持：根据体育活动机构发展的需要，营造并持续改善提高人力资源效能的环境，主要包括健康安全和劳动保护。

（7）关系—调整：根据体育活动机构集体协作的需要，通过人力资源的合理配置，建立并不断调整组织中的协作关系，主要包括法律法规、制度调整、人员流动和劳工关系等。

（二）人力资源管理的职责

（1）体育活动人力资源管理目标：合理配置资源，挖掘资源潜力，促进共同发展；提供相关服务，协调业务关系，保证目标实现。

（2）体育活动人力资源管理职责：体育活动所有的管理者，都是人力资源管理者。他们负有共同的责任，只是在具体人力资源管理活动上分工不同。概括地说，人力资源管理部门的责任在于人力资源政策的制订和阐述；而其他部门的责任在于执行、控制和反馈。

二、体育活动机构人力资源的构成

（一）自由职业者

体育活动机构可以雇用自由职业者作为临时性员工或独立契约人。对于自由职业者，体育活动机构一般不要求他们参与机构的全年工作，他们的价值将特别体现在体育活动的职能管理上。自由职业者一般比较擅长于体育活动管理的某一特定领域，如交通运输系统、客户管理系统及产品展示等。同时，他们还可以填补由于长期员工的离职所产生的职位空缺。由于自由职业者在一年当中可以自由地为任何一家体育活动机构工作，在机构出现职位临时空缺时，体育活动机构可以与同行之间互相推荐各自联系和掌握的一些自由职业者。

（二）实习生

体育活动行业的迅猛发展同样需要和吸引着越来越多的人参与其中，成为体育活动机构的实习生。他们不仅包括在校就读的中学生、专科生、大学生和研究生，还包括那些来自其他行业、正在寻找新职业的专家们。实施实习生方案对于雇佣双方都是十分有益的，体育活动机构为实习生提供实践和培训的机会以及少量的现金报酬，实习生可以弥补机构临时短缺的职位，奉献他们的聪明才智。事实上，这些年轻聪明、富有创造力的实习生是体育活动行业及其机构所必需的。他们可能缺乏甚至根本就没有体育活动的实践经验，但是他们的聪明才智、独特见解和敬业精神却可以使得体育活动机构以最少的培训支出获得急缺的人力资源。从机构发展的角度看，体育活动机构雇用实习生有利于选拔和培养未来的自由职业者和正式员工。

（三）志愿者

在开展一些公益性活动，如城市庆祝活动、体育活动、资金募集、节日庆典等活动时，体育活动机构可以向社会招聘和使用大量的志愿者。他们一般承担事务性或劳务性的非管理工作。实际上，许多社区居民和学校学生都非常愿意加入到志愿者的队伍中去，为他们所热爱的社会公益活动提供义务服务。

作为体育活动的组织者和管理者，对志愿者最好的表达方法就是专门为志愿者举行庆功会，为每位志愿者赠送一份象征感激的纪念品，"你应该让他们在离开的时候有一种骄傲和自豪的感觉，对这种经历和你个人都感觉良好！"

三、体育活动机构人力资源薪酬管理

体育活动机构在实施奖励方案时要注意以下几个方面的问题：要确保员工的努力与其奖励是直接相关的；要让员工真正理解奖励方案并且能够计算出来；要制订有效的考核标准和奖励标准；员工绩效的改善要留有余地，要保证员工的基本工资；要保持奖励方案的稳定性和严肃性，能够得到员工的支持；奖励方案要在质和量两方面满足员工正当、合理的需要；要兼顾个人与集体、短期与长期奖励之间的平衡与协调。

作业：

1. 体育活动的组织委员会一般设有哪些专门委员会？
2. 体育活动项目中的人力资源都包涵哪些？

第十三章　体育活动的礼仪管理

【本章目标】
1. 了解礼仪在体育活动中的重要性。
2. 知道关于座次安排、会场布置、乘车礼仪、宴会布置等相关礼仪。

古代中国素有"礼仪之邦"之称,讲礼仪,循礼法,崇礼教,重礼信,守礼仪,是中国人数千年的传统。"不学礼,无以立",礼的核心是人的社会行为规范,是中国民众已经习惯和风俗化了的社会性行为准则、道德尺度与各种礼节。所谓"礼节民心,让则不争";"衣食既足,礼让以兴",礼就是个人利欲心的节制和人群利益的调度。讲礼,就是要谦恭退让,"礼"与"让"往往相连,这就是"礼让"一词的由来和释义。在体育活动中,礼仪仍然是很重要的一方面,本章将从组织者的角度,对重点礼仪和礼节事宜进行讲解。

第一节　活动组织者常用的礼仪

在体育活动蓬勃发展的今天,体育活动人员要经常组织或参加各种体育活动,了解和把握当今常用礼仪的基本特点,熟悉组织活动中有关主席台座位、宴会座次、乘车座次、基本国际礼仪等的要求,对于树立个人乃至国家形象具有重要作用。由于礼仪涵盖众多领域,本章重点介绍组织活动中需要注意的几种礼仪。

一、会议主席台座次的安排

根据原则:左为上,右为下。当领导同志人数为奇数时,1号首长居中,2号首长排在1号首长左边,3号首长排右边,其他依次排列;当领导同志人数为偶数时,1号首长、2号首长同时居中,1号首长排在居中座位的左边,2号首长排右边,其他依次排列。

(一)主席台人数为奇数时

主席台人数为奇数时如图13-1所示。

图13-1　主席台座次(奇数)

（二）主席台人数为偶数时

主席台人数为偶数时如图13-2所示。

图13-2　主席台座次（偶数）

二、关于宴席座次的安排

宴请客人，一般主陪在面对房门的位置，副主陪在主陪的对面，1号客人在主陪的右手，2号客人在主陪的左手，3号客人在副主陪的右手，4号客人在副主陪的左手，其他可以随意。以上主陪的位置是按普通宴席掌握，如果场景有特殊因素，应视情况而定。

（一）中餐桌

中餐座位图如图13-3所示。

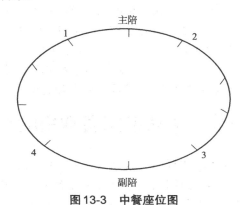

图13-3　中餐座位图

（二）西餐桌

西餐座位图如图13-4所示。

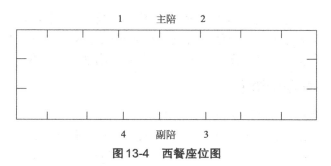

图13-4　西餐座位图

三、关于接见和签字仪式的座次安排

签字双方主人在左边，客人在主人的右边。双方其他人数一般对等，按主客左右排列。接见和签约仪式如图13-5所示。

图 13-5　接见和签约仪式图

四、会议座位安排

（一）长条桌

长条桌座位如图 13-6 所示。

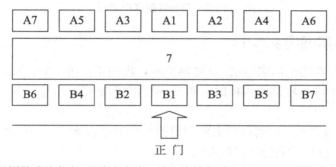

注：A 为上级领导或外宾席，B 为主方席，当 A 为外宾时，A3 与 B3 分别为客方与主方译员

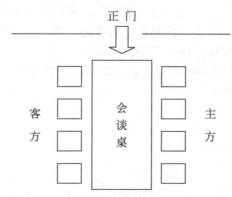

图 13-6　长条桌座位图

（二）沙发室

1. 与外宾会谈

会谈座位图如图 13-7 所示。

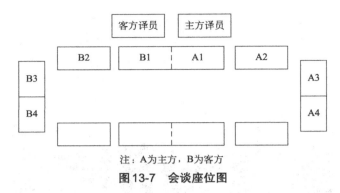

图 13-7　会谈座位图

2. 与上级领导座谈

与领导座谈座位图如图 13-8 所示。

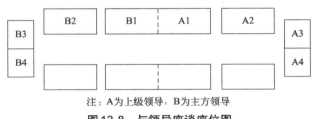

图 13-8　与领导座谈座位图

五、关于乘车的座次安排

小轿车 1 号座位在司机的右后边，2 号座位在司机的正后边，3 号座位在司机的旁边（如果后排乘坐三人，则 3 号座位在后排的中间）。中轿主座在司机后边的第一排，1 号座位在临窗的位置。

如果由主人亲自驾驶，以驾驶座右侧为首位，后排右侧次之，左侧再次之，而后排中间座为末席，前排中间座则不宜再安排客人。

主人夫妇驾车时，则主人夫妇坐前座，客人夫妇坐后座，如果主人夫妇搭载友人夫妇的车，则应邀友人坐前座，友人之妇坐后座，或让友人夫妇都坐前座。

主人亲自驾车，坐客只有一人，应坐在主人旁边。若同坐多人，中途坐前座的客人下车后，在后面坐的客人应改坐前座，此项礼节最易疏忽。

旅行车接送客人：旅行车以司机座后第一排即前排为尊，后排依次为小。其座位的尊卑，依每排右侧往左侧递减。

（一）轿车

小轿车座位图如图 13-9 所示。

图 13-9　小轿车座位图

（二）面包车（中巴）

中巴车座位图如图13-10所示。

图13-10 中巴车座位图

六、合影图

合影站位图如图13-11所示。

注：人员排序与主席台安排相同

图13-11 合影站位图

第二节 国际一般礼仪

一、信守承诺

在人际交往中，"言必信，行必果"是做人应有的基本教养。体育活动人员在与外国人相处时要讲信用，守承诺，不随便许愿，失信于人。

二、热情有度

中国人在人际交往中，一向主张朋友之间应当"知无不言，言无不尽"。但在国外，人们普遍主张个性至上，反对以任何形式干涉个性独立，反对侵犯个人尊严。对他人过分关心，或是干预过多，会令对方反感。所以与外国友人打交道时，既要热情友好，又要尊重对方的个人尊严与个性独立。

三、尊重隐私

外国人普遍认为，要尊重交往对象的个性独立，维护其个人尊严，就要尊重其个人隐私，即使是家人、亲戚、朋友之间，也必须相互尊重个人隐私。所以与外国友人相处时，应当自觉回避对对方个人隐私的任何形式的涉及，如不要主动打听外国朋友的年龄、收入、婚恋、家庭、健康、经历、住址、籍贯以及宗教信仰、政治见解等。

四、女士优先

在国外，尤其是在西方国家的人际交往中，人们讲究女士优先。它要求成年男士在社交场合，应积极主动地以个人的举止言行，去尊重女士、关心女士、照顾女士、保护女士，并时时处处努力为女士排忧解难。能够这样做的人，会被视为教养良好。

五、不必过谦

在外国人看来，做人首先需要自信。对于个人能力及自我评价，既要实事求是，也要勇于大胆肯定。不敢承认个人能力，随意进行自我贬低的人，要么事实上的确如此，要么就是虚伪做作，别有用心。所以在与外国朋友打交道时，千万不要过分谦虚，特别是不要自我贬低，以免被人误会。在同外国朋友进行接触的时候，难免会碰上一些本人未曾经历过的场面，或是难以处置的事情。此时此刻最好的方法，就是静观一下他人的做法，努力"从众"，与大家保持一致。

作业：

在班内举办一次模拟接待活动，从接机、乘车运送到会议地点、双方领导会面、签约合作意向书、合影、晚宴一系列过程，要在其中体现活动礼仪。

第十四章 体育活动的安全管理

【本章目标】
1. 了解体育活动中的安全管理原则和基本做法。
2. 知道如何应对简单的体育活动项目中潜在的安全问题。

对于每一位活动项目管理人员来说，活动项目中观众、员工和分包商的安全应处于至高无上的地位，因为在活动项目中存在许多风险，而这些风险又能导致诸如意外事件或场地疏散等事件。另一个应考虑的事实是大多数活动项目都需要人们排队等待；而管理队伍的技能有天壤之别。在活动项目中如出现最终决赛的耽搁，有时可能会导致活动项目管理者指示员工停止验收入场券，而尽快开启所有大门。很明显这一做法会引起场内的麻烦，因为无入场券的人们也会涌进场地内。在活动项目结束后，使观众有秩序地退场也具有同等重要的意义，这时应发出清晰的指令并设立必要的标志，引导观众到达公共交通线路上。有时活动项目中的观众欣喜若狂，不得不动用保安人员才能使他们退离场地。

第一节 体育活动安全保卫工作组织实施的基本原则

一、预防为主、安全第一

安全保卫的所有工作措施都是围绕安全这一目标而进行评估、组织和实施的。为体育活动创造一个安全的环境，关键在于防范。在体育活动举办前，就要对所有可能危及活动安全进行的隐患进行排查和消除。通过情报收集研判和对治安重点人员的排查控制，及时消除针对体育活动的有预谋的破坏捣乱活动；通过对场地特别是临时搭建物的治安消防检查，及时消除治安消防隐患；通过对进入活动现场的人、物、车进行安全检查，将一切可能危及活动进行的易燃易爆等违禁物品予以收缴控制，使活动现场成为干净区。

二、统一指挥、合作作战

体育活动安全保卫工作涉及面广，而且体育活动现场有难以控制、备受瞩目的特点，加强对体育活动的治安管理，就需要指挥、情报信息、通讯、警卫、治安、消防、交通等部门和警种共同参与。安全保卫工作的组织实施是一项多警种协同作战的系统工作，只有各部门、各警种充分发挥职能作用，才能有力地加强体育活动安全管理。因此在体育活动安全保卫工作中，必须建立强有力的指挥系统，把参战的警力和装备有机组织起来，形成一个统一的整体，明确各部门、各警种的任务分工，按照安全保卫的意图和目标，使各部门步调一致，形成合力。

三、分类管理、因情施策

按照性质划分，体育活动可以分为商业性和非商业性活动。安全保卫工作模式亦应针对不同性质的体育活动有所不同。对政府组织的活动和民间习俗活动，以公安机关为组织实施主体，保卫力量主要以公安民警为主，并配备一定数量的群众治安力量。而对于商业性的体育比赛活动、文艺演出活动、展销展览等，则采取安全保卫工作社会化的模式，将安全保卫工作的组织职能和执行职能相对分离，公安机关主要承担组织职能，制定方案，确定安全保卫目标，决定安全保卫措施、力量和要求，并督促主办单位具体组织实施。在这种性质体育活动的安全保卫工作中，公安机关主要以督促指导为主，同时，承担起现场指挥、安检排爆、消防、交通指挥疏导、接处警等警务工作。而安全保卫力量的主体则以主办单位聘请保安员和单位工作人员为主，主要负责门卫、查验票证、现场秩序维持、停车场管理等具体安全保卫工作。

四、点面结合、以面保点

体育活动在一定的时间和空间里举行，确保举办区域的安全是安全保卫工作的重点，安全保卫工作的主要警力和措施围绕体育活动涉及的点线来组织实施，特别是领导和重要来宾涉及的上下车点、行车路线、休息室、主席台以及重要通道、观众聚集处，要重点加强防范控制，防止人群聚集拥挤。但体育活动并不是孤立的，体育活动能否安全顺利举行，与外部治安环境息息相关。因此在体育活动举办前特别是有国内外影响的体育活动，如广交会、少数民族传统体育运动会、奥运会火炬接力活动等，要以活动举办场地、住地和主要活动点线为中心，有针对性地组织专项整治，消除各类治安问题和社会丑恶现象，为体育活动顺利进行创造良好的治安环境。图14-1所示为事故上报图。

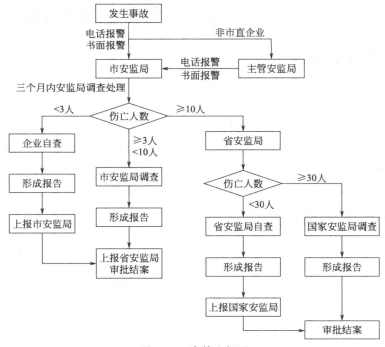

图14-1　事故上报图

第二节 体育活动安全保卫工作组织实施的基本做法

一、体育活动的基础调查

了解并掌握体育活动的基本情况是做好体育活动安全保卫工作的前提和条件。在基础调查工作中，主要围绕体育活动所涉及的人、事、地、时等几个方面进行。一是要掌握参与体育活动人员的基本情况，包括参加活动的首长、领导、社会知名人士以及参与人数等；二是要掌握体育活动的基本内容；三是掌握活动的时间；四是掌握体育活动所涉及的点线，并深入掌握场地的基本情况，如地形地貌、场地面积、结构、通道、停车场地及内部消防设施情况以及周边有无危爆物品，有无危房和其他治安、交通、消防隐患。在深入调查的基础上进行评估，对有碍于体育活动安全顺利进行的消极因素向主办单位提出整改意见。

二、安全保卫工作方案的制定

在对体育活动进行基础调查的前提下，要根据体育活动基本情况制定相应的工作方案。在方案的制作上，有两个方面值得注意：一是方案的针对性。每次体育活动都是在特定时间和空间下进行的，这就要求制定体育活动安全保卫工作方案时要因情施策，针对每次体育活动的特点，有针对性地部署相应的单位、部门及力量，采取相应的措施和要求。二是方案的多样性。在设计上不可拘泥于形式，而应着眼于内容和实际效果。对一些规模大、影响广、敏感性强、跨部门参与的体育活动，可采取直接由公安局组织部署实施的形式，在方案设计上体现出这一特点。

三、指挥系统的构建

高效准确地组织实施体育活动安全保卫工作，除了部署得当、措施有效外，关键在于部署和措施落实到位，这就需要建立组织指挥系统作为组织实施安全保卫工作的依托和平台，统一组织指挥所有安全保卫力量，实施各项安全保卫工作措施，形成高效运作的统一整体，发挥多警种联合作战的整体优势。图14-2所示为监视系统。

图14-2 监视系统

四、隐患的排查和消除

对可能危及体育活动安全顺利进行的隐患，必须进行排查，并采取相应措施予以消除。一是结合日常治安管理，多渠道、全方位收集情报信息，针对体育活动的各类破坏线索，及时组织力量查证，消除隐患。二是对体育活动现场周边可能出现的危害体育活动安全的治安危险分子进行排查，并会同有关职能部门采取稳控措施，防止这些人员进行破坏捣乱活动。三是对参加体育活动的各类工作人员进行政治审查。四是对活动场地进行"四防"为重点的安全检查。特别是对活动现场临时搭建物，从材料进场就开展监督指导工作，督促主办单位雇请保安员24小时看护现场，并聘请具备相应资质的公司搭建，使用符合消防安全标准材料按照安全规范搭建。

五、动员部署和业务培训

体育活动安全保卫工作的具体组织实施，归根到底是由公安机关基层科所队和广大民警具体承担，为了将方案的目标、意图、设想以及具体的措施和要求贯彻下去，就有必要进行动员部署和业务培训，使参战单位和民警在安全保卫工作中能体现安全保卫工作整体部署和意图。对一些日常接触不多的安全保卫工作，还需要进行专门的业务培训，目的是使参战单位和民警熟悉安全保卫工作的要求和规范，从而在安全保卫工作中更好地发挥作用。

六、体育活动现场的防范控制

（一）对体育活动参与人数总量的控制

对于封闭管理的场地而言，首先从控制票证数量入手，根据场地的容量，设定活动的规模，而对一些流动性较大的展销、展览活动，原则上都设定每天售票的总量，并要求主办单位在人多拥挤时立即停止售票。对于封闭管理的体育活动，重点要严把进门关，禁止无票证人员进入。而对开放的体育活动，在出现人流拥挤迹象时，就需要采取临时管制措施，在现场外围适当位置选择强制分流点，禁止人员向人流密集处流动。图14-3所示为活动参与证件。

图14-3　活动参与证件

（二）对体育活动现场动态的控制

体育活动现场人员密集，一些不法人员混迹其中，伺机作案。要组织现场保卫力量落实岗位责任制，注意发现和盘查可疑人员和物品，同时对那些伺机作案人员，落实盯控措施，及时打击现行违法行为。在加强现场监控中要充分发挥闭路监控的作用，通过监控发现可疑，并迅速采取措施处理。在奥运火炬接力广州站安全保卫工作中，广州市公安局在传递线路沿途临时布设固定监控摄像机114台，火炬接力活动当天采用光纤通信、微波通信、卫星通信三种技术手段，动用了野战光纤、无线通信保障车、无线图传等设备，实时将沿线图像传到公安局指挥部，对安全保卫工作的组织调度发挥了积极作用。

（三）对体育活动场地安全的控制

对于封闭管理的场地，除了查验票证外，对一些重要活动场地，还需要进行搜爆检查及设置安全门对进场人员进行人身检查，通过安全检查，防止易燃易爆、管制刀具以及其他违禁物品进入活动现场构成危害。

（四）对体育活动场地的控制

对于参与人数多、场地宽阔的体育活动需要分层次实施区域控制。在2007年11月举行的全国少数民族传统体育运动会开幕式中，为加强对开幕式现场广东奥林匹克体育场内的防范控制，开幕式安全保卫工作投入警力4500多人，按照疏导外围，控制场内，分片管理，确保中心和统一指挥，明确责任，条块结合，以块为主的原则，分为场内控制区、看台警戒区、场外管制区和外围疏导区四个区域组织开展保卫工作。

（五）对体育活动场地静态和动态的控制

在体育活动中，对人流的控制具有十分重要的意义，根据体育活动的特点，大体上可分为静态和动态控制两种：对观众有固定座位的场地，以分区域实施静态控制为主，对观众大量流动的如迎春花节、重阳登高等群体活动，实施单向流动控制措施。对于实施静态控制的体育活动，观众进场时在时间和空间尽量分散，使其从不同入口进入指定区域，并按指定位置就座，不得随意走动和聚集；对于动态型的体育活动，要加强对入口和通道的控制，根据场地人员流动情况控制进入人数。在人流密集时采取由外到内分层控制措施，保持现场人群均匀流动，以免聚集酿成事故。

七、体育活动现场突发事件的应对与处置

（一）群体性纠纷、冲突的预防和控制

在各种体育活动中，群体性纠纷和冲突主要集中在体育赛事中，尤其是足球比赛，世界范围内因球迷冲突、足球流氓引发的血案屡见不鲜。为有效防止类似事故的发生，世界各地都在不断总结经验教训、完善措施、提高安全保卫要求，主要围绕以下几方面开展工作：一是抓好赛前情报收集与研判，根据评估结果，加固场馆硬件设施、压减场馆售票总量、限制可能引发冲突双方入场人群数量；二是升级赛事期间安全保卫举措，增加安全保卫警力、设置人员车辆物品安全检查、对场内观众实施网格化管控、对重点人群实施相对隔离管控与防护，以及根据预案配足防火、防冲突等各项装备；三是紧盯赛后观众的疏导，对重点人群采取提前退场、延迟退场等时间差以及独立退场通道等空间差，最大限度地减少冲突双方的直

接碰撞。

（二）安全事故的防范与处置

建筑物倒塌、火灾、爆炸等安全事故，是体育活动安全保卫工作最棘手的问题。2004年2月5日，北京市密云县在密虹公园举办迎春灯展，由于领导和管理责任不落实，导致云虹桥上人员拥挤、踩踏，造成37人死亡37人受伤的重大责任事故。要最大限度地防止安全事故的发生，首先思想上不能一贯化、麻痹大意，要始终把防安全事故、防群死群伤作为体育活动保卫工作的重中之重，要时刻做好应对突发事件的准备，把形势和问题估计得严重一些，把对策和措施考虑得周全一些，下好先手棋、打好主动仗；其次，措施上不能老套路、凭经验办事，要认认真真地开展活动前场地安检、舞台搭建等各项安全检查、安全监察，对存在的问题坚决不能存在侥幸心理或者给面子、讲人情，该整改的坚决要求整改，该提升安全保卫级别的坚决提升安全保卫举措，确保重大活动、重点区域、重要目标的绝对安全；再次，组织上不能粗枝大叶、打无准备之仗，要紧密衔接、有序推进，扎扎实实组织好演练，从演练中磨合队伍、发现问题，提高实战能力。要确保安全保卫措施的落实，不打折扣。

（三）水电气通信中断以及异常气候等突发事件的应对与处置

多哈亚运会期间，由于多哈属热带沙漠气候，干燥少雨，多哈亚组委安全保卫分委会在制定安保计划和方案、预案时都未考虑防雨问题，2006年12月1日开幕式结束时突然下起了暴雨，现场既没有配备雨具又没有观众和运动员疏散措施，人员、交通一片混乱。体育活动安全保卫工作中，对这些突发因素，如果我们有所预见、有备而战，就会有效应对、妥善化解；如果准备不足，很小的一个突发事件、很小的一个工作疏漏，都极可能酿成难以挽回的严重后果。对水电气光以及有线、无线通信重点部位、重点设备以及重要沿线，要指导督促主办方和管理单位严格操作、严守规程、严密防范并落实应急备用，必要时还要派驻民警监督落实和负责看护；事前要针对各种可能发生的突发事件分别制定处置预案，对该由谁指挥调度、警力如何摆布、观众如何稳控、人员如何疏散，都要事事明确、责任到人。一旦遇有水电气通信以及气候异常突发事件，处置工作的核心是消除恐慌、快速疏散，避免现场群众人为骚动、无序逃离而诱发踩踏死伤等安全事故。对此，要最大限度确保现场灯光、广播正常，遇有异常情况出现，用最快速度向现场群众通报情况、稳定情绪，最简洁准确地指引观众有序疏散。

（四）有毒物质的安全处理

不同种类的化学物质要求不同的安全使用规则，因此员工应尽快了解工作场地中使用有毒物质的情况，应采用材料安全数据单的方式向员工提供有关各种物质的情况：

（1）产品的构成；

（2）对健康的影响和急救指导，使用须知；

（3）安全处置和存放说明，意外事故程序。

（五）安全标志

在活动项目工作场地安全标志的安置是极为重要的，因为员工通常在场地滞留的时间极短，因此没有充足的时间去向他们强调安全事项，但可以通过班前会的方式向他们强调安全操作的重要意义。张贴的公示和安全标志可用来重点强调关键信息，这有助于防止许多意外事故的发生。

（六）急救

在多数情况下，急救是相关急救组织提供的，尽管场地和活动项目的员工也应接受急救程序的培训。对于某些活动项目而言，有些急救程序是非常具体的。例如，在道路上的各种比赛，常见的急救情况包括过度疲劳、虚脱、脱水、晒伤和骨头及肌肉损伤，因此应制定相应的急救程序。此外，在这类比赛中，参赛选手有时不愿意接受治疗帮助，员工需要接受培训，采取适当的方式去解决这种问题。

（七）事故报告

对于任何活动项目而言，所有运营事项都有申报标准制度。从总体上看，这种申报关系是与组织结构图相适应的。然而，在许多情况下，沟通的方式是非正式的，并未根据既定的框架流动。而在一个活动项目环境中出现了"故意伤害"或"处于控制之下的骚乱"等字眼恐怕就要进行正式的申报工作。尽管在活动举办之前和进行之中人们会采用一些非正式和非系统性的沟通，但任何与事故或意外有关的沟通必须十分明确。而且沟通的命令链途径必须是简短并具体的命令链或组织结构图，从意外事故的申报角度上讲是不同于活动项目总的组织结构图的。意外事故报告的层次特点是层面简洁，而所有员工都必须接受这种意外事故报告的培训。大多数相关的人员和机构都会加入这种培训，如普通员工、保安人员、急救人员、警察、紧急服务机构，但关键要明确谁是命令的发出者及如何联系他们。

作业：

1. 我国事故的上报程序有哪些？
2. 体育活动现场突发事件的应对与处置有哪些？

第十五章　体育活动项目的协调管理

【本章目标】
1. 了解体育活动协调的基础和程序。
2. 知道在体育活动项目发展的每个阶段，各相关部门如何进行协调工作。

通过前面的学习，我们已经知道了体育活动项目管理是一个系统的工程，涉及到很多的方面，在执行过程中需要很多工作组的共同配合努力才能完成，如何把各个部门有效地串联起来，这就涉及了体育活动协调管理。

第一节　体育活动协调的基础

体育活动的协调旨在平衡内外部的各种关系，使体育活动各项组织工作协调一致，保证体育活动顺利进行并取得成功。

一、体育活动协调的必要性

体育活动的组织与经营涉及多个部门和行业，专业化程度越来越高，分工越来越细，每项工作都需要众多人员和众多工序的协同合作才能完成。体育活动企业为综合性企业，各个部门相互制约、相互依赖。体育活动服务既要面对宾客，又要面对外界组织。因此，必须发挥管理的协调职能，才能在业务、部门、对客、对外等各个方面协同合作，达到体育活动组织与经营所必需的平衡关系。

二、体育活动协调的条件

（一）信息沟通

信息沟通是发挥管理协调职能的前提条件，没有信息沟通，就无法了解组织活动的真实情况，也就无法进行针对性协调。良好的协调，是体育活动各方参与者之间高效且持续不断沟通的结果。因此，体育活动管理者必须在整个管理过程中确保所有参与者及时掌握所需信息、彼此密切联系。以下是提高沟通效率的5种基本方法：

（1）建立沟通监控机制，确定参与各方发出和接受信息的最佳渠道；

（2）避免使用可能受到噪声、视觉等各种干扰的沟通方式；

（3）对所有书面沟通文件要求接受方签收回复，以确认接受方收到并正确理解信息；

（4）使用录像带、录音带等非传统沟通方式，以便更好地储存信息；增强信息感染力；

（5）对更改指令的信息，必须采取书面沟通方式。对涉及增加、减少、替换服务或产品的更改指令的信息，必须要求有关客户和其他责任人书面签收。

（二）整体利益

体育活动组织委员会由各方代表组成，这些成员有可能把个人的观点、偏见、利益融入体育活动计划中。因此，体育活动管理者有责任说服有关成员放弃个体利益来保全体育活动的整体利益，只有通过委员会的一致共同努力才能达到体育活动的最终目的。

体育活动管理者可以亲自进行团队训练，也可以聘请专家来帮助进行团队训练。比如，在体育活动的筹备过程中，组织一系列由体育活动参与各方参加的非正式社交活动，让参与者互相了解，增进友谊。在此过程中，管理者应通过细致的观察，发现谁能适应团队合作，而谁不适应团队合作，需要管理者进行针对性说服工作。

（三）可依赖性

体育活动的主要特点之一是依赖于大量志愿者的参与。而志愿者由于其辛苦的奉献得不到应有的回报，往往感觉自己并没有义务准时按约定的时间履行自己岗位，甚至不一定必须到岗。许多体育活动管理者对此伤透脑筋，不得不安排多出需要量的25%～50%的志愿者，以保证体育活动不因部分志愿者的迟到或缺席而受到影响。悉尼奥运会组委会采用了一套新颖别致的护照制度，来加强对6万名2000年奥运会志愿者的协调管理。每个志愿者都发给一本个人护照，以便在其参加每项志愿服务工作时盖章，当其个人护照盖满章后，便可以参加组委会为志愿者组织的抽奖活动，得到物质上的奖励。

在体育活动管理中，准时意味着提前。体育活动在举办之前、之中、之后存在大量难以预料的变数，这就要求活动组织者和志愿者提前到达活动现场，从而在参加活动的宾客或活动赞助商抵达之前发现潜在的问题并加以解决。

增强志愿者可依赖性最简便易行的方法，就是招募可依赖的志愿人员。应建立每个志愿者准时出勤情况和到岗率的记录档案，从而根据记录档案选择未来的志愿人员。在志愿者招募或面试过程中，要仔细检查每位应募人员的个人资料和履历表，确保其良好的守时习惯和可依赖性有助于体育活动的顺利进行。在招聘体育活动协调员时，那些倾向于在活动开始之前半个小时甚至1个小时到场的应聘人员才有资格获得这些职位。因为协调员往往需要半个小时以上的时间与会场停车场、保安部、工程部进行协调，才能保证与会者按时进入各种设备齐全并准备就绪的活动场所。

（四）信任

体育活动的管理者必须赢得活动参与者的普遍信任，才能通过有效的协调手段调动活动参与者的积极性，并依靠参与者的共同努力圆满完成体育活动的组织工作。活动参与者一般不是盲目地信任管理者，而是根据自己理智的判断来决定什么时候和在多大程度上信任管理者。管理者在体育活动组织过程中所表现的一贯的正确行为和公正决策，是其赢得信任的关键。管理者的行为和决策一旦表现为前后不一、游移不定、脱离实际或失之公允，那么他本人也就失去了可以信任的基本成分。管理者必须通过自己的不懈努力才能获得活动参与者的信任并使这种信任得以维持。

（五）合作

体育活动有效协调的另一个重要基础是促成活动参与各方的密切合作。由于活动参与者在个性、专业、经历、文化背景等方面存在巨大差异，所以创造一个能够使众多参与者密切合作的氛围是一项艰巨的任务。营造合作氛围的关键在于阐明组织体育活动的目的，只有在明确的目的指导下，活动参与者才能共同协作，最终满足体育活动委托方和宾客的需要。

第二节　体育活动协调的对象与程序

一、体育活动协调的对象

体育活动协调的对象分为客体对象和主体对象两种。客体对象包括人力、时间、资金、技术和活动场馆。与此相对应，主体对象包括：与人力资源相关的地方旅游局、旅游协会、旅游管理公司、旅游景区管理公司、学校、公关公司和广告公司等；与时间管理相关的日程安排软件公司、组委会及各专门委员会、活动参与者与参加者；与资金相关的投资商、赞助商和捐助者；与技术相关的网络公司和计算机软硬件公司；与场馆相关的旅游景区、饭店、餐馆、餐饮供应商、会展公司和旅游局等。

二、体育活动协调的程序

（一）准备阶段

任何协调活动都是围绕着共同的努力目标而进行的。在体育活动的准备阶段，协调的重点是确定活动目标，并根据活动目标选择活动的主题以及与该主题相适应的体育活动类型、观众类型、场馆与设备类型等。

根据活动目标，确定活动主题及相应的活动、观众、场地、设备类型之后，具体协调工作落实在协调活动的主体和客体对象上，即协调主办、承办和合作单位的关系，明确体育活动合作伙伴所承担的责任与义务，如提供何种场馆，承担多少组织费用，提供何种住宿和饮食服务，提供何种社交设施，如何组织当地志愿者，提供何种机场和火车站接送服务等。

（二）计划阶段

协调必须以科学的组织结构为基础，通过组织目标、组织权力路线、职责关系、信息传递渠道的框架等保证协调活动的有效性。体育活动筹备时间长，一般要提前一年进行准备，有些大型国际活动甚至需要提前两到三年开始准备。除了对组织内部进行协调外，还要对社会名人和志愿者等外部参与者进行广泛的协调。因此，在计划阶段，协调活动的重点是围绕着组织结构进行的，即设立体育活动的组织委员会及其专门委员会，根据各委员会的工作分工和职责关系进行综合协调。

1. 组织委员会和专门委员会

组织委员会是体育活动的指挥和协调中心，其主要职责有：制订监督预算；进行总体协调；组建、指导、协调专门委员会；为本委员会成员、工作人员和其他专门委员会设计工作岗位与职责；对活动进行评估，并写出最终报告。组织委员会主任是体育活动实际上的总指挥。

专门委员会是组委会的分支机构，代表组委会进行技术层面的组织和协调工作。每个专门委员会都必须有各自的预算，向组委会提交工作计划并取得组委会批准。各专门委员会都应当各负其责，但也应当为其他委员会提供建议。

2. 志愿者和雇员

体育活动组织过程中的大量工作是由志愿者来完成的。志愿者为体育活动提供服务有两种组织形式：一种是集体志愿者，一种是个体志愿者。一些单位或机构志愿集体承担体育活动的部分组织工作，如广播电台志愿承担体育活动的宣传工作，剧院志愿承担演出安排，学校志愿安排学生充当剧院演出的领位员、门票销售人员、展品看护人员等。从有效协调的角度来看，集体志愿者是最理想的组织形式。个体志愿者是接待委员会根据体育活动的工作需要从社会上招募而来，主要从事嘉宾接待、秩序维持、场地保洁等非技术工作。

体育活动的管理和技术工作必须由付薪全职雇员来承担，以保证大型节庆活动的连贯性和专业性，这些人员包括负责日常管理的执行经理、秘书、专职舞台导演、剧务人员、灯光师和音响师等。

与志愿者进行工作安排协调时应注意：确保志愿者充分了解活动的性质和志愿者所承担的工作量。为每一位志愿者设立一个档案，注明其姓名、通讯地址、家庭电话、志愿工作的日期、感兴趣的工作以及工作时间段。为每一位志愿者提供一份工作任务书，包括工作描述、具体职责、上级主管、相关委员会、活动发言人等信息。同时，应确保志愿者熟悉各种咨询问题的答案、知道如何应对紧急情况、了解参与活动的知名人士和重要宾客。为此，各委员会负责人必须加强对志愿人员的事先控制，并有效调动其积极性。工作之前应召集简短的工作会议，向志愿者提供与其工作有关的帮助信息，明确工作可能延续的时间。如须变动工作时间，应首先征得志愿者本人同意。主动听取志愿者的工作建议。在工作过程中，监督、督促志愿者按工作计划完成各项工作，尊重志愿者的工作习惯和各种临时建议。为志愿者提供便于识别的服装或饰品，如工作服和标识饰物等。

3. 体育活动的组织规则

由于体育活动的组织程序涉及方方面面，因此其组织规则应由各个委员会共同协商制订。首先，要由各个委员会共同制订统一的邀请与登记表，只有这样才能使接待规模与住宿、研讨会、各种活动场地以及交通等接待能力相一致。节庆活动组织规则应包括以下内容：组织活动所需时间；节庆活动的主题；宾客停留时间、总人数、住宿类型（饭店、家庭等）；演出次数；联络人的姓名、地址、电话号码、传真号码等；剧院与活动场地示意图；演出团体自理费用；团体宾客参加或组织研讨会的限制与机会；交通运输的特殊安排；接待服务与特殊活动；观察员的资格。

登记表应包括以下项目栏：公司名称；联系电话；联系人的职务；来宾姓名；性别；年龄；航班号；航空公司名称；特殊餐饮需要。

4. 发布公告

首先要宣布和散发举办节庆活动的消息以及节庆活动的组织规则。其次，以组委会主任名义向演出团体和嘉宾寄发邀请函。邀请函可附以有关政府名义签发的额外邀请函。应在节庆活动开幕6个月以前，确认应邀参加的演出团体和嘉宾。在3个月前，应确定最终演出和研讨会日程表。如有变动，应将注明变更时间的日程表及时通告。

5. 选择演出团体

一般体育活动项目的开幕式都会选择一些演出团体，选择演出团体的一般标准是：上乘的演出质量；表演剧目与表演场馆风格协调；具有较高的国际声誉；表演内容与活动主题保持一致。经选择确认的演出团体应提交以下相关信息：演出节目单；住宿预订及机场迎接确认；旅行细节（航班号，航空公司名称）；登记注册时间及地点；有关机场费、货物和海关税费、残疾人设备和气候条件要求等信息；现行演出规定；签证（签证申请及支付签证费用属于申请人本人的责任）信息等。

（三）接待阶段

1. 现场登记

登记处设在活动中心场地，周围应布置横幅、彩旗、招贴画等。事先应对预计登记人数（含提前登记人数）、抵达时间、抵达方式、付费方式、付费项目等进行预测，并制订工作预案。登记处工作人员应向登记者送发礼品袋，袋内应有以下物品：城市地图与指南，活动场地示意图，出席者铭牌，欢迎信，笔记本和铅笔，当地的特别法律规定（如关于饮酒的限制等），庆典与表演节目单，剧本梗概译文，餐厅信息，纪念品，特殊招待会的邀请函，优惠券，会员俱乐部活动时间，紧急情况求助电话，特邀嘉宾名单，当地表演团体地址与联系电话，预订与取票方式，登记参加研讨会的方式，当地交通信息，剧院化妆室使用时间安排，最终确定的日程表，关于核实日程临时变更的方式。同时，登记处应附设信息咨询台，设专人值守。

2. 交通协调

对于一个体育活动，众多参加者抵达或离去要延续多日，此时可能带来复杂的交通问题。有关委员会应组织一个相应规模的客车和货车车队及司机志愿者队伍，编制详细的住宿地至机场、接待处、排练与演出场地、研讨会场地、游览景区的交通日程表。在编制交通日程表时，应充分考虑团体运送远比个体运送耗费时间长这一因素。同时，应在机场设立活动接待处，并布置明显的活动标识物以便于活动参加者识别。图15-1所示为交通管制标识。

图15-1　交通管制

3. 住宿协调

有关委员会须确定需要住宿的活动参加者人数以及住宿类型。饭店住宿花费较大，组织者应尽早确定所需饭店客房数及类型，饭店住宿费用的支付方式以及资金来源。在情况允许条件下，可以考虑利用私人住宅解决活动参加者的住宿问题。

4. 办公场所协调

体育活动应在主要活动场所设立办公室，配置计算机、打印机、复印机、电话等设备，同时配备必要的翻译人员。

5. 休息场所协调

体育活动主要演出场馆大厅应设立酒吧或冷饮柜台，为活动参加者提供饮料和小吃。也可以利用剧院的演员休息室为演员和国际贵宾提供聚会场所。

6. 会员俱乐部协调

会员俱乐部可设在饭店会议厅或公共酒吧，全天候为活动参加者提供聚会、交流、舞会等社交机会。俱乐部除提供付费饮料、小吃和纪念品之外，还应配置舒适的躺椅和电话。

7. 票务处协调

票务处一般设在剧院售票处，负责对公众售票。特邀嘉宾一般在登记时领取赠票，或直接凭铭牌入场。

（四）活动阶段

1. 官方接待协调

作为惯例，节庆开幕之前要举行隆重的欢迎招待会。这是一个问候老朋友和欢迎新朋友，并为整个活动期间进行相互联系创造条件的机会。招待会一般要提供食品和饮料，有时也组织几个精练的小节目。招待会要向与会者介绍活动组委会主任和其他重要成员、市长或政府要员和特邀外宾等。致辞和祝酒次数不宜过多。在活动结束时，一般还要举办答谢仪式或招待会。答谢会是向活动参与者致谢的场合，同时为提供资金和实物支持的公司颁发荣誉证书，为优秀艺术表演家颁奖。

2. 展览协调

举办反映当地传统与文化的艺术展览是增加节庆活动的重要手段之一。而举办商贸展览会有利于参展公司展示、推介、销售其产品或服务。

3. 娱乐节目协调

促进交流是组织节庆活动的重要目标之一。组织者应为活动参与者组织丰富多彩的娱乐和旅游观光活动。由于来访者大多希望给亲朋好友带回一些纪念品或礼品，所以为活动参加者做些娱乐旅游方面的安排，适当留出购物和参观博物馆的时间也很重要。

4. 日程安排协调

演出与排练的日程安排必须事先与有关各方充分协商。对技术设备要求相近的演出应尽量安排在相邻时间段，从而减少对设备的更换，但演出节目的多样性和多变性也要同时考虑。排练需要充裕的时间保证，对于一个国际性表演团体至少需要不少于2个小时的排练时间。有时需要安排多个剧院，有的剧院用于演出，有的剧院用于排练。

5. 安全保卫协调

在节庆期间，需要实施24小时保安措施。对于凭票入场的节庆活动场地，其出入口和重要位置须配备保安人员。对于免费场地，也须配备一定数量的现场管理人员与交通和停车场管理人员。如果参加活动者数量较大或同时进入和离开某一场地，则需要交警指挥交通和巡视停车场，以确保安全。化妆室或化妆区域应配专人负责管理，以保证演出服装和设备的安全。

（五）善后阶段

1. 清洁卫生协调

清洁卫生工作必须贯穿节庆活动始终。节庆活动结束后，要保证活动场地恢复原样，不留痕迹（图15-2）。

2. 善后协调

对一般活动参与者表示感谢，可赠送反映节庆活动主题或举办地点的纪念品。相关委员会在选择纪念品时应：确保纪念品的独特性；确保所有活动参与者（内外宾客）均获赠统一纪念品，外宾可获得额外的纪念品（如招贴画等）；严格控制纪念品制作成本。

图15-2　卫生管理宣传图

对志愿者、各委员会成员、赞助商、捐赠者和媒体记者等特殊参与者表示感谢可采取以下方式：组织答谢聚会，介绍典型事迹和展示相关图片；寄送感谢信；在报纸上刊登致谢广告等。

3. 总结协调

节庆活动的评估依据包括活动参加者数量及构成统计、书面文件、口头调查、录像与图片资料、公众评价等。评估应反映：活动组织的成效与不足；公众对活动组织的满意程度；财务结果。评估结果应分发至各委员会成员和赞助商，并提出改进意见。节庆活动的总结报告应包括以下内容：有关活动计划程序的记录；有关组织活动的书面文件；活动的财务报告；评估与改进意见。该报告应呈交给有关批准机构和赞助商。

第三节　体育活动的时间和空间协调

一、体育活动的时间协调

时间协调是根据体育活动的组织目标按照时间线索（活动日程安排）对活动组织的各种要素进行合理调度与配置，以保证体育活动的各项组织活动如期完成。

（一）制订活动日程表

预留充分的准备时间是制订切实可行的活动日程表的基本保障。组织一个成功的体育活动往往需要几个月甚至几年的时间。体育活动组织所需时间因活动类型不同而有较大差异。在活动日程安排上应注意以下问题：

（1）首先分析工作时间，然后确定活动举办日期。

（2）个人的能力是有限的，因此必须依靠团队的集体能力来完成体育活动的组织工作。

（3）在进行工作时间分析时，要充分估计各项工作所需时间，并写在工作任务卡上。

（4）在时间安排上应适当"留有余地"。一般认为应该按估计时间的120%安排工作时间，即预留20%的工作时间。

（5）有些工作相对独立，有些工作则彼此关联。对于相互关联的工作，必须明确其先后顺序，并使先期工作的组织者了解其工作对后续工作的影响。

（6）将日程表张贴在公告栏，为每一位相关人员提供便于携带的日程表复印件。为了使参与者随时了解活动组织取得的进展与发现的问题，可以利用活动挂图、工作简报或黑板报等形式制作动态日程表。按周（星期）分为若干栏，在各栏内，由上到下列出重要工作，如宣传、印刷、娱乐活动、食品、门票销售等，应特别注明在本星期内必须开始和必须完成的工作。

（7）鼓励参与者根据个人的工作计划事先预约工作时间，并为每位工作参与者提供一份日程表的缩小复印件，用特殊颜色标识该工作人员所应参与的工作，用另一种颜色标识该工作人员如不能按时完成其工作将会影响到的后续工作。

（8）确定关键工作的最后期限。为了避免因关键工作的失败而导致的经济和社会影响方面的重大损失，应事先对关键工作做出备选方案，一旦该项工作受阻或未完成，立即启动备选方案。

（9）检查工作进度，防止因工作拖延而使体育活动的组织陷入被动。首先确定工作的起讫日期，并设定工作期间的阶段性指标。根据既定指标检查各阶段工作进度，发现问题及时解决，以保证该项工作在最后期限以前得以完成。

（10）每一项关键工作都必须指定专人负责，尽量避免把工作的责任给予多人组成的委员会，后一种情况可能会导致众人旁观，无人负责。关键工作的责任人不仅要有履行责任的能力，还应拥有相应的权力，否则责任只是一句空话。

（11）体育活动结束后，往往还有大量后续工作要做。在体育活动组织中功亏一篑的事例并不少见。由于劳累一天的工作人员需要适当休息，所以一般要提前安排一些后备人员进行后续工作。这些工作包括：清洁场地、清理账目、归还租用物品和设备、给捐助人寄发收据和感谢信、答谢志愿者相支持者、对体育活动进行评估并写出评估报告等。

（12）在体育活动的组织过程中，会不可避免地出现一些疏漏或紧急情况。设立应急小组，并赋予他们处理各种紧急事务的权力，使活动参与者和参加者无论何时遇到何事都能通过应急小组得到及时解决。

（13）对提前完成工作和节约开支的人员予以奖励。对先进的奖励有助于调动团队的积极性，比如对第一个完成售票任务或对第一个完成散发宣传品的人员给予奖励，将激励其他人员更努力地工作。

（二）活动日程的组织协调

1.活动开幕前1年以上

设立组委会，任命组委会主任和体育活动总指挥（可由组委会主任兼任）。宣布体育活动名称、日期和主题。根据主题设计活动标识系统，建立与潜在表演团体和主讲人的联系。对可选场馆与设施进行考察，选择并确认场馆，预付场馆订金和其他需预先交付的费用。受理表演团体、参展商的申请。根据现有资源制订体育活动组织计划。图15-3所示为活动组织甘特图。

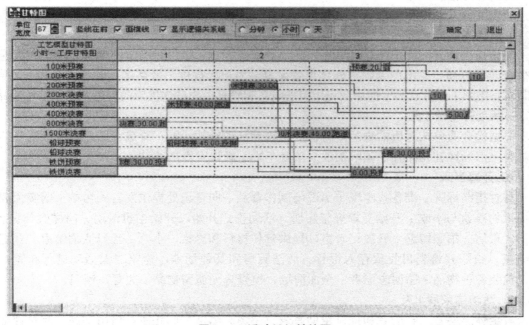

图15-3　活动组织甘特图

2.活动开幕前12个月

组委会执行每月例会制，根据组织工作的需要设立专门委员会。着手设计活动场馆示意图，设计包含上述图件的宣传材料。开始招募志愿者、表演团体和个体表演艺术家。与公安、交通等政府机构建立联系。确定定点饭店和家庭住所，制订免费住宿名额和付费住宿标准。

3.活动开幕前6个月

组委会与活动总指挥定期会面。开始起草活动日程表和节目单草案，绘制活动主场馆示意图。办理举办活动的各种许可、执照和签证等申请。正式邀请表演团体、研讨会主讲人，并要求表演团体和研讨会主讲人提供简历、照片以及节目或研讨会梗概。选择餐饮供应商，谈判并签订餐饮供应合同，设计菜单。与学校等机构联系，寻求翻译支持。定期发布有关活动的新闻消息。

4. 活动开幕前3个月

设计座位示意图草案，设计员工工作日程表草案，设计登记区示意图草案。进行国内外宾客运输安排，确认住宿安排，确认客运安排。制作活动日程表和节目单，印制宣传品。再次确认表演团体并签署演出合同或协议，与当地有关单位和公司签订合同，与剧院经理协调并预订化妆室。印制并邮寄邀请信，确认翻译人员。向志愿者提供舞台和场地示意图，受理志愿者预约工作时间。完成场地和菜单设计，完成住宿和交通计划，分配展览场地和会议室。

5. 活动开幕前2个月

批准预算；列出赞助商和捐助者名单；设计展示橱窗和现场横幅；确定最终活动日程；向表演团体提供有关信息。

6. 活动开幕前1个月

组织场地视察团；组织当地主讲人现场演示；制作各种标记和图示；装填、检查礼品袋；印制并分发内部使用的工作日程表；送印翻译稿件、活动日程表和示意图。

7. 活动开幕前2周

印制并分发场地和座位示意图；检查住宿设施；确认排练时间。

8. 活动开幕前1周

停止接受预订，确定预订名单；设计桌椅安排方案；将最后确定的用餐与住宿人数通知食宿合同单位和相关部门；确定媒体记者名单；为记者提供记者铭牌、参考资料和入场券；印制嘉宾铭牌；预订食品；借用或租用厨房设备和餐具；为餐饮供应商提供菜单；准备奖品。

9. 活动开幕前1天

根据检查清单核对所需物品，将物品运输到活动场地，购买冷冻食品。再次核实嘉宾人数。对重点场地补充布置；领取钥匙；集合车辆；确认定点加油站。

10. 开幕当天

布置指路标牌；准备找零现金；现场制作食品；向登记处提供发言人名单；落实为表演者提供的冷饮与小吃；开始受理登记注册。活动正式开始，开始当日活动。问候媒体记者；非正式采访；拍照留念；开放记者室，提供宣传材料和冷饮、小吃；当日活动结束。登记注册结束。结账并将当日收款存入银行。清洁厨房和其他场地，为第二天活动进行布置。整理、包装各种物品；感谢志愿者；全面清场，检查有无遗留物品；关灯，锁门。

11. 活动结束后1天

对全体志愿者、捐助者和提供帮助者表示感谢。清洁并归还所有借用物品。起草评估草案。向餐饮供应商支付费用并表示感谢。去除所有户外标识物和招贴画。

12. 活动结束后2～4周

组委会与各专门委员会共同进行评估；完成所有预算工作；计算经营利润或亏损；完成财务工作；完成评估技术工作；撰写活动总结报告；向组委会和有关单位呈交报告。

二、体育活动的空间协调

空间协调是对活动场地、活动设施以及活动设备进行的协调。空间协调贯穿于体育活动的各个阶段，主要是通过对活动场地的现场检查和协调来完成。

（一）制订现场检查表

制订一份细致、周密的检查表，是进行现场协调的基础。检查表一方面有助于避免遗漏检查对象，另一方面有利于主要负责人在不能亲临现场情况下委托他人进行检查与协调。

（二）现场检查与协调

现场检查时，应随身携带卷尺、照相机、笔记本和铅笔等检查与记录用具。根据检查线路，对照检查表，对检查对象做出评价记录。对不符合要求的检查对象，要求场馆提供改进方案、施工时间表和具体负责人。

首先应检查出入场馆的交通状况、大门和停车场。预测交通拥挤状况下，场馆出入的通行能力。协调解决停车场一般停车和专用停车的车位分离问题。场馆大门至大厅等候休息区（休息大厅、化妆室、演员休息室）应有明显指路路标，测量休息区的面积，预测演出的接待容量。检查卫生间容量是否符合要求，提出对卫生间的特殊布置要求，如摆放鲜花的品种与式样，喷洒香水的品牌与气味等。

对实际活动现场检查，应从观众和演员两个角度来观察，特别要注意判断坐在最后排的观众是否在演员演出时享受到满意的视听效果。在亲自体验的同时，还应检查场馆提供的场馆示意图，并进行随机实地测量，对与实际不符之处提出修改意见。

示意图应能全面反映场馆的布局与功能，包括住宿、餐饮、会场、急救中心、停车场、舞台、座位等功能区与设备的方位、面积、线路等内容。示意图经组委会认可后，还必须呈交消防、交通管理等有关政府机构批准，方能实施。经批准的示意图，将用作以后现场检查与协调的重要依据。

作业：

1. 简述体育活动协调的条件。
2. 描述体育活动项目的协调程序。

参考文献

[1] 瓦根著. 活动项目策划与管理 [M]. 宿荣江译. 北京：旅游教育出版社，2004.
[2] 无名. 大型活动成功运作手册 [M]. 北京：国标标准出版社，2004.
[3] 肖林鹏. 体育经纪人 [M]. 北京：高等教育出版社，2010.
[4] 苏兰君. 现代市场营销能力培养与训练 [M]. 北京：北京邮电大学出版社，2010.
[5] 戚安邦. 项目管理学 [M]. 北京：科学出版社，2010.
[6] 邱菀华. 现代文化产业项目管理 [M]. 北京：机械工业出版社，2004.
[7] 谭建湘，马铁. 体育经济导论. 北京：高等教育出版社，2004.
[8] 邱菀华. 现代项目风险管理方法与实践 [M]. 北京：科学出版社，2003.
[9] 戴国民. 策划文案完全指南 [M]. 汕头：汕头大学出版社，2005.
[10] 李怀斌. 市场营销学 [M]. 北京：清华大学出版社，2007.